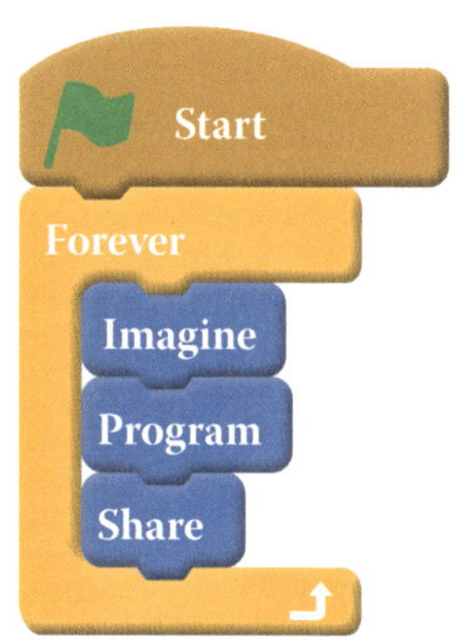

상상하라
실천하라
나누어라

스크래치 프로그래밍

상상력 GO~

탁연상 지음

지은이 탁 연 상 *dodream@naver.com*

서울대학교 공과대학 건축학과 졸업. 월간 마이크로소프트웨어 편집장, 월간 소프트월드 편집장 지냄. 영진출판사(영진닷컴) 기획실장 지냄. 마이크로북 대표 지냄. (주)한글과컴퓨터 홈웨어 부문 이사, (주)나모인터랙티브 개발지원 부문 부사장 지냄. 도서출판 두드림 대표 지냄.

1985년 월간 마이크로소프트웨어에 기자로 입사하며 IT업계에 입문한 이래 컴퓨터 소프트웨어의 리뷰, 분석, 개발, 교육, 문서화에 열정과 시간을 바쳤다. 많은 IT 도서들을 편집하고 직접 썼으며, 많은 신문과 잡지에 컴퓨터 컬럼을 썼고, 국내 유수의 IT 벤처기업에서 개발지원과 교육사업에 관여하였다. 2005년 출판사를 세워 다양한 분야의 도서를 출판하면서 북디자인 분야에도 관심을 가져 국내 최대의 인디자인 커뮤니티, 인디자인 카페(cafe.naver.com/indesigncafe)를 운영하고 있다.

국내 개인용 컴퓨터 1세대로서 다양한 프로그래밍 언어를 독학으로 배우고 활용해왔다. 최근 초보자용 프로그래밍 교육 언어인 스크래치에 관심을 가지고 초보자와 청소년을 위한 시리즈 교재를 개발하는 작업을 하고 있다. IT 입문 도서는 컨텐츠와 디자인을 따로 작업해서는 좋은 책을 만들기 어렵다는 생각으로 인디자인 소프트웨어로 책을 쓰면서 바로 디자인하는 실험을 하고 있다.

상상력 GO~ 스크래치 프로그래밍

지은이　　탁연상
펴낸이　　윤명성

초판1쇄　2017년 4월 25일　　**2쇄**　2017년 11월 11일

펴낸곳　　상상하라 출판사
신고번호　제2016-000166호
주소　　　서울시 영등포구 여의대로6길 17, D동 1002호
전화　　　0505-737-0050
팩스　　　0505-737-0051
메일　　　imagine_book@naver.com

ISBN: 979-11-959823-1-8　04000
　　　　979-11-959823-0-1 (세트)

★ 이 책에서 다룬 프로젝트들은 scratch.mit.edu/studios/3915179 스튜디오에 공개되어 있습니다.

머리말

개인용 컴퓨터가 등장한 이래 30여년이 흘렀습니다. 처음에는 허접해 보였던 개인용 컴퓨터가 세상을 바꾸었습니다. 컴퓨터는 스마트폰은 물론이고 더 작은 장치에도 스며들고 있습니다. 이제 사람들은 업무와 일상생활에 컴퓨터를 활용하는 것에서 더 나아가 '코딩 교육'에 대해 이야기하기 시작했습니다. 컴퓨터를 전공하지 않는 사람들도 프로그래밍이라는 세계를 이해하는 것이 좋겠다는 것입니다. 이왕이면 나이가 어릴 때 프로그래밍 개념을 배워두면 성장하여 어떤 학문을 하거나 어떤 직업을 선택하더라도 도움이 되기 때문입니다.

프로그래밍을 배우면 논리적으로 사고하는 방법을 배워 우리가 생활할 때나 직장에서 만나게 되는 다양한 문제를 해결하는데 도움이 된다고 말합니다. 그런데 프로그래밍을 말로만 설명하기는 참으로 힘이 듭니다. 직접 경험해보아야 이해할 수 있습니다. 악기를 배우는 것과 같습니다. 다행히도 시각적으로 결과를 바로 확인하며 재미있게 프로그래밍을 체험할 수 있게 해주는 좋은 프로그래밍 언어가 있으니 그것이 바로 스크래치(Scratch)입니다.

이 책은 스크래치의 특성에 맞게 프로그래밍을 최대한 논리적이며 시각적으로 확인하며 배울 수 있도록 기획하고 예제를 만들고 디자인까지 직접 했습니다. 디자인을 저자가 아닌 다른 사람이 했다면 결코 이런 시각적인 편집은 할 수 없었을 것입니다. 이 책이 여러분과 여러분의 자녀가 프로그래밍을 이해하는데 큰 도움이 될 것이라고 자신합니다.

- 탁연상

제1장 스크래치 세계에 오신 것을 환영합니다.

제2장 나의 첫 번째 스크래치 프로젝트

차례

제3장 간단한 게임 프로젝트를 만들어요

제4장 멀티미디어 프로젝트에 도전해요

★ 이 책에서 다룬 프로젝트들은 scratch.mit.edu/studios/3915179 스튜디오에 공개되어 있습니다.

스크래치 세계에 오신 것을 환영합니다

혹시 게임이나 동화 이야기 프로그램 같은 걸 직접 만들어보고 싶나요? 스크래치는 바로 그런 것을 쉽고 재미있게 만들 수 있는 프로그래밍 언어입니다. 프로그래밍 언어란 컴퓨터에게 일을 시키기 위해서 알아야 하는 언어인데 C, 자바, 파이썬 등 아주 많은 종류가 있어요. 그 중에서도 스크래치는 컴퓨터 초보자에게 아주 적당한 프로그래밍 언어입니다.

본격적으로 스크래치 프로그램을 작성하기 전에 먼저 배우고 준비해야 할 것들이 있습니다. 그래서 첫 번째인 이번 장에서는 아래와 같은 내용을 다룹니다.

어때요? 기대되죠? 우리 바로 이 기분으로 출발해요!

스크래치가 뭐지?

스크래치는 배우기 쉬운 프로그래밍 언어입니다. 프로그래밍을 아주 쉽고 재미있게 배울 수 있도록 만들어졌죠. 여러분도 스크래치로 흥미롭고 재미있는 프로그램을 만들어서 친구들에게 혹은 전세계의 사람들에게 보여줄 수 있습니다.

스크래치라는 프로그래밍 언어는 누가 언제 만든 건가요?

스크래치 언어를 설계한 사람은 미국 MIT 대학의 미첼 레스닉(Mitchel Resnick) 교수입니다. 그는 MIT 미디어 연구소에서 창의적으로 공부할 수 있는 방법을 연구했죠. 레고 장난감에서 얻은 아이디어를 활용하여 블록을 쌓듯이 프로그램을 만드는 기술을 개발하여 스크래치 언어를 만들었어요.

그런데 이름을 왜 '스크래치'(scratch)라고 지었죠?

디스크 자키가 레코드를 손으로 밀어 돌리면서 소리를 섞어 새로운 소리를 만드는 기술을 가리키는 음악 용어입니다. 다양한 멀티미디어(그림, 음악, 소리 등)를 섞어서 손쉽게 프로그램을 만들 수 있다는 의미에서 스크래치라는 이름을 붙였다고 합니다.

스크래치는 다른 프로그래밍 언어와 비교해서 무엇이 다른가요? 제가 좋아하는 게임도 만들 수 있나요?

레고 블록을 조립하듯이 아주 쉽게 프로그램을 작성하고 그 결과를 바로 확인할 수 있습니다. 물론 간단한 게임도 만들 수 있습니다. 하지만 상업용 게임처럼 화려한 모습은 기대하지 않아야 합니다.
 스크래치는 프로그래밍의 기초를 이해하고 배우는데 중점을 두고 있습니다. 스크래치 프로그래밍을 하면 논리적으로 생각하는 능력을 키우고, 자신이 만든 프로그램을 다른 사람과 공유하며 의견을 교환하여 창의성을 개발할 수 있습니다.

스크래치 프로그램은 어떻게 동작할까?

스크래치 프로그램은 '무대'라고 부르는 화면 공간에서 실행됩니다. 무대에
배경 그림을 깔고, 배우(스프라이트)들을 올려놓고, 배우를 움직이게 하는
프로그램(스크립트)을 작성합니다. 그리고 녹색 깃발을 클릭하면 실행됩니다.

◀ 배경 그림

무대 전체를 덮는 그림. 배경 그림은
움직이지 않지만 순차적으로 다른
배경 그림들을 표시하여 움직이는
효과를 낼 수는 있습니다.

프로그램 실행하고 멈추기

녹색 깃발을 클릭하면 프로그램이
실행되고, 빨간색 정지 단추를
클릭하면 프로그램이 즉시 멈춥니다.

무대

▲ 스프라이트 2

스프라이트가 여러
개의 모양을 가지고
있으면 모양을 바꿔서
움직이는 것처럼 보이게
할 수 있습니다.

▲ 스프라이트 1

무대 위에서 배우 역할을
하는 그림. 배경 그림과
달리 움직일 수 있습니다.

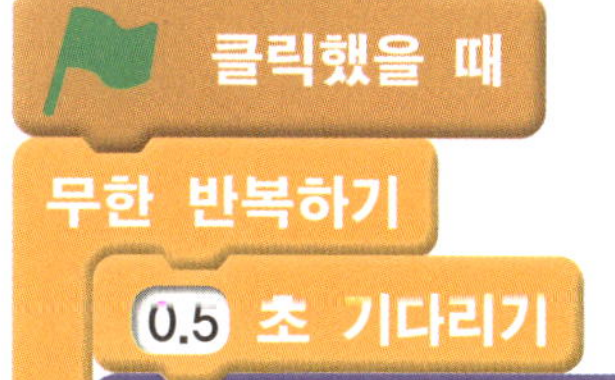

◀ 스크립트

스프라이트에 붙어서
스프라이트를 움직이게 하는
프로그램. 왼쪽의 스크립트는
여자 배우의 모양을 순차적으로
바꿔서 그녀가 춤추는 것처럼
보이게 만듭니다.

스크래치 사이트 살펴보기

이제 스크래치 사이트에 접속해봅니다. 스크래치는 어떤 프로그래밍 언어인지, 다른 사람들이 만든 스크래치 프로그램에는 어떤 것들이 있는지 간단히 살펴보기로 해요.

웹 브라우저 주소 창에 아래 주소를 입력하고 엔터 키를 눌러 스크래치 웹사이트를 방문합니다. 주소 앞에 있는 'http://'는 입력하지 않아도 됩니다.

http://scratch.mit.edu

http://scratch.mit.edu (로그인하지 않은 상태)

바로 시작하기

고양이 그림의 '바로 시작하기'
아이콘을 클릭하면 스크래치
프로그램을 작성하는 화면으로
이동합니다. 메뉴에서 '만들기'
단추를 눌러도 됩니다.

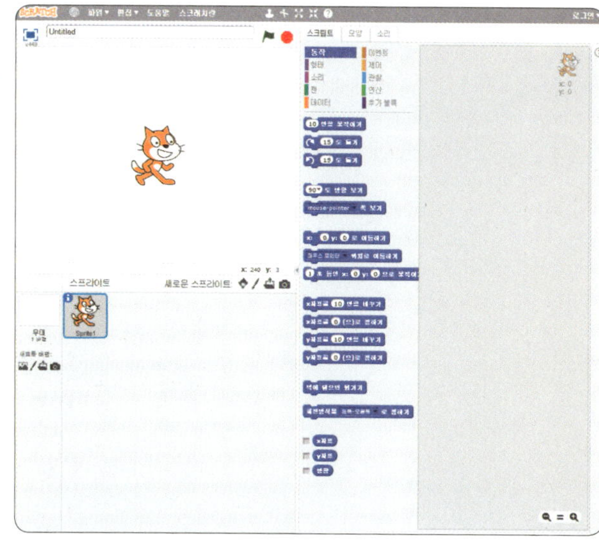

예제 보기

테라가 웃고 있는 '예제 보기'
아이콘을 클릭하면 스크래치를
만든 팀에서 제공하는 예제
프로그램들을 볼 수 있습니다.
애니메이션, 게임, 대화형 예술,
음악과 춤, 이야기, 비디오 감지
이렇게 6가지 종류로 나뉘어져
있습니다.

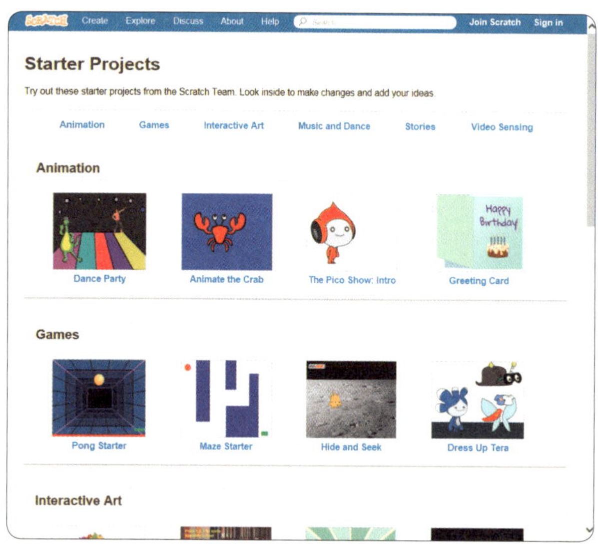

탐험하기

메뉴에서 '탐험하기' 단추를
클릭하면 다른 사람들이
만든 스크래치 프로그램들을
살펴볼 수 있습니다. 보고 싶은
프로젝트의 종류(애니메이션,
예술, 게임, 음악, 스토리)를
선택해서 살펴볼 수도 있습니다.

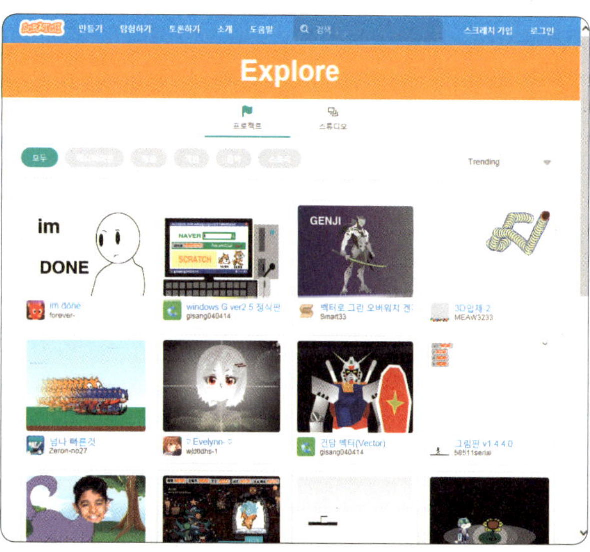

소개

메뉴에서 '소개' 단추를 클릭하면
스크래치에 대해 기본적인
설명을 한 페이지로 이동합니다.
첫 페이지는 한글로 번역되어
있지만, 여기에서 클릭해서
들어갈 수 있는 페이지들은
일부만 번역되어 있거나 영어로
씌여 있을 것입니다.

토론하기

메뉴에서 '토론하기' 단추를
클릭하면 토론방 카페로
이동합니다. 아래쪽으로
내려가서 'Scratch in Other
Languages' 부분에서
'한국어'를 클릭하면 한국어
토론방을 볼 수 있어요.
여러 사람이 함께 사용하는
공간이므로 주의해서 사용하기
바랍니다.

　토론방에서 글을 쓰려면
스크래치 사이트에 가입하고
로그인해야 합니다. 그리고
초보자 상태일 때는 몇 가지
불편한 점이 있어요. 예를 들면,
글을 쓴 뒤에 120초가 지나야
새로운 글을 쓸 수 있죠.

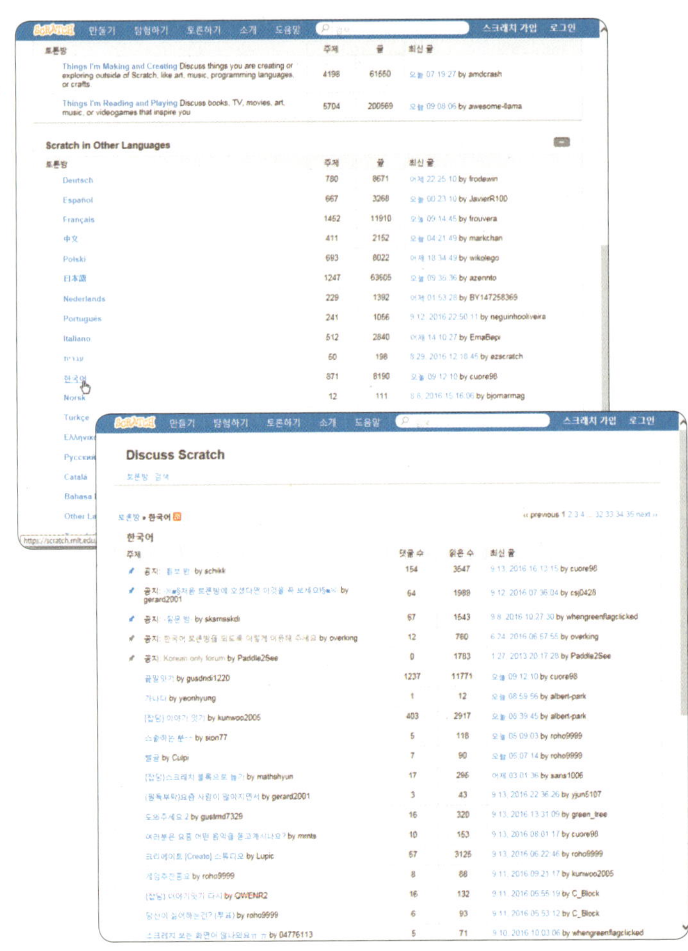

한국어 토론방: http://scratch.mit.edu/discuss/23

❶ 오른쪽 아래 를 클릭합니다.

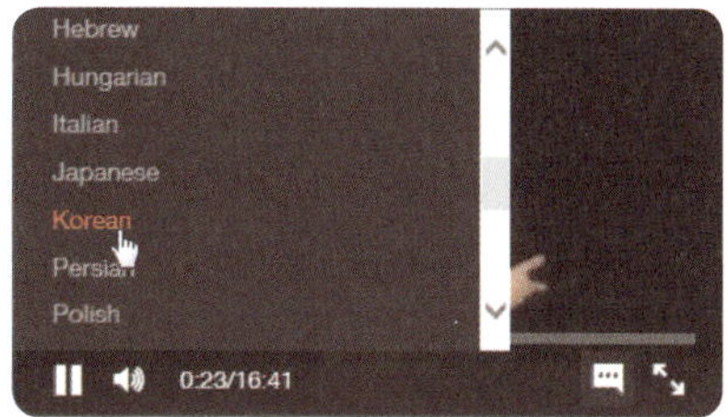

❷ 목록에서 'Korean'을 클릭합니다.

❸ 를 클릭해서 큰 화면으로 봅니다.

참고하세요

아이들에게 코딩을 가르치자 – 미첼 레스닉

스크래치 사이트의 소개 페이지에 있는 미첼 레스닉 교수의 짧은 동영상은 한번 볼 필요가 있습니다.

스크래치를 배워야 하는 이유를 간단하지만 이해하기 쉽게 예를 들어가며 설명하고 있습니다. 단순히 코딩을 남들보다 먼저 배우기 위해서 스크래치를 배우라는 것이 아닙니다. 코딩을 배우는 과정에서 얻을 수 있는 여러가지 장점들 때문에 배우는 것입니다.

문제를 더욱 깊게 이해하고 즐겁게 해결하는 경험, 서로 생각이 다른 사람들과 의견을 교환하고 협업하는 경험은 매우 중요합니다. 스크래치를 통해 배운 학습은 코딩에서 끝나지 않고 다양한 분야에서 큰 도움이 될 것입니다.

소개 페이지에서 오른쪽 두 번째 동영상을 클릭하면 미첼 레스닉 교수의 동영상 강의를 볼 수 있습니다. 영어로 강의하므로 한글 자막을 보려면 왼쪽처럼 하면 됩니다. 동영상을 다 본 뒤에는 〈Esc〉 키를 눌러 원래 화면으로 돌아옵니다. 가끔 자막이 나오지 않을 때가 있습니다.

도움말

메뉴에서 '도움말' 단추를 클릭하면 스크래치에 대해서 자세히 알려주는 화면으로 이동합니다. 아쉽게도 이 부분은 영어로 되어 있어서 읽기가 어려울 거예요.

스크래치 사이트 가입하기

이제 스크래치 사이트(scratch.mit.edu)에 회원으로 가입합니다.
회원으로 가입해야 나만의 작업실이 생기고 그곳에 내가 만든
프로그램을 저장할 수 있거든요. 가입하는 방법은 다른 웹사이트에
가입하는 것과 거의 같습니다.

스크래치 사이트에서 고보(Gobo)가 있는 '스크래치 가입'
단추를 클릭합니다. 이것이 보이지 않는다면 화면 오른쪽 위에서
'스크래치 가입' 단추를 클릭합니다. 이제 아래와 같이 필요한 정보를
입력합니다.

❶ 스크래치 사용자 이름과 비밀번호

스크래치 가입

스크래치 계정은 쉽게 그리고 무료! 로 만들 수 있습니다.

스크래치 사용자 이름 입력   실명을 사용하지 말것

비밀번호 입력

비밀번호 확인

1 2 3 4 ✉   다음

❷ 개인 정보 입력하기

스크래치 가입

이 질문들에 대한 응답은 개인 정보로 보호될 것입니다.
이런 정보를 요청하는 이유 ❓

생년월일   3월 ▼ 2012 ▼
성별   ◉남자 ○여자 ○
국가   South Korea ▼

1 2 3 4 ✉   다음

자신이 사용할 사용자 이름을 정해서 입력합니다.
사용자 이름은 영어, 숫자, 밑줄(_), 빼기(–) 기호만으로
만들어야 합니다.

사용자 이름을 입력했는데 "그 사용자 이름은
이미 다른 사람이 사용하고 있습니다"라고 하면 다른
이름을 생각해내야 합니다. 이럴 때는 단어 뒤에
숫자를 붙이거나 단어 사이에 밑줄이나 빼기 기호를
넣어서 사용자 이름을 만듭니다.

아래의 두 칸에는 비밀번호를 똑같이 입력합니다.
검사를 통과하면 '다음' 단추를 클릭합니다.

두 번째 단계에서는 개인 정보를 입력합니다. 태어난
년과 월, 성별, 국가 이렇게 세 가지입니다. 국가
목록에서는 'South Korea'를 선택합니다.

스크래치 사이트 운영자가 이런 개인 정보를
요구하는 이유는 스크래치 사용자에 관련된
통계자료(나이, 성별, 국가)를 얻기 위해서라고 합니다.
간혹 본인 확인을 위해서도 사용된다고 하니 정확하게
입력하는 것이 좋겠습니다. 물론 이 정보는 공개되지
않습니다.

정보를 모두 입력했다면 '다음' 단추를 클릭합니다.

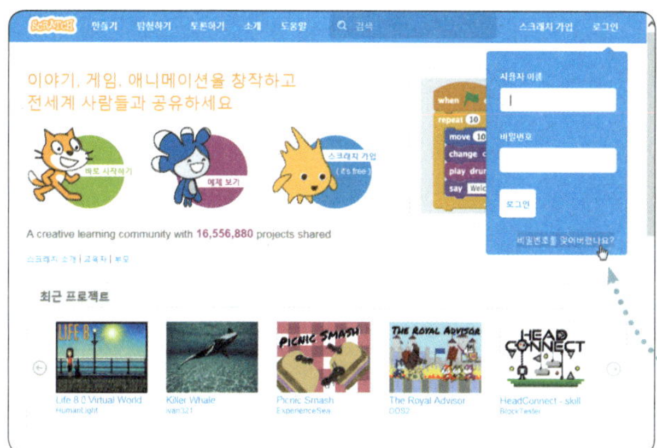

스크래치 사이트 로그인하기

스크래치 사이트에 가입하고, 가입을 확인하는
이메일을 받아 해당 링크를 클릭하여 확인까지 한
뒤에 로그인을 합니다.

스크래치 사이트 화면 오른쪽 위에서 '로그인' 
단추를 클릭합니다. 왼쪽 그림과 같이 로그인 창이
펼쳐지면 '사용자 이름'과 '비밀번호'를 입력하고
'로그인' 단추를 클릭합니다.

비밀번호를 잊어버렸다면 요기를 클릭하고
이메일 주소를 입력합니다. 비밀번호를 새로
정할 수 있게 해주는 이메일이 옵니다.

❸ 이메일 입력하기

세 번째 단계에서는 이메일(email)을 입력합니다.
이메일 주소를 잘못 입력하는 실수를 막기 위해서
두 번 입력해야 합니다. 만약 이메일 주소가 없다면
도움을 받을 수 있는 보호자의 이메일 주소를
입력합니다. '다음' 단추를 클릭합니다.

여기에서 입력한 이메일 주소로 본인이
가입한 것이 맞는지 확인하는 이메일이 옵니다.
확인하여 맞으면 중간에 있는 링크(밑줄이
있는 매우 긴 인터넷 주소)를 클릭합니다.

❹ 사용자 이름과 이메일 확인하기

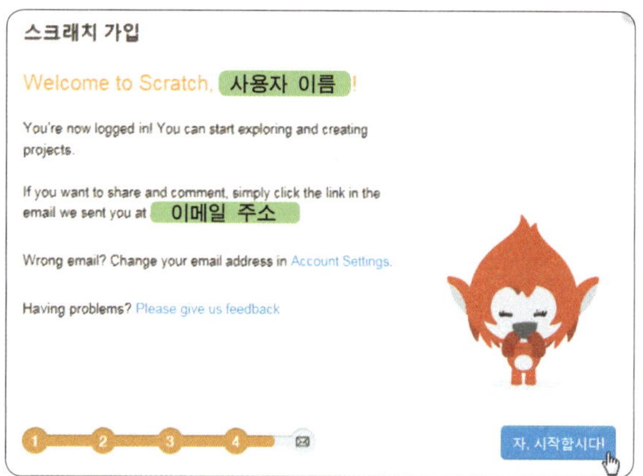

마지막 단계에서 사용자 이름과 이메일 주소를
확인합니다. 여기에서 입력하는 이메일 주소는
비밀번호를 새로 설정할 때 사용하므로 절대 잊어서는
안됩니다. 이것을 잊어버리면 비밀번호를 잊어버렸을
때 다시 설정할 방법이 없거든요.

이메일 주소가 제대로 등록되었나요? 그렇다면
가입이 완료되었습니다. 이제 '자, 시작합시다!' 단추를
클릭하고 스크래치를 사용해봅시다!

 기본 예제 프로젝트 살펴보기

스크래치로 프로그램을 만드는 방법을 배우기 전에 먼저 스크래치 제작팀이
초보자용으로 만들어 놓은 프로그램을 살펴보기로 해요. 이것들을 살펴보면
여러분이 나중에 스크래치로 어떤 프로그램을 만들 수 있을지 짐작해볼 수 있어요.
그러면서 스크래치 프로그램을 선택하고, 실행하고, 멈추는 방법 등도 배우는 거죠.
   스크래치 사이트 화면의 상단에 있는 '도움말'(Help) 단추를 클릭합니다. 아래와
같이 스크래치 도움말(Scratch Help) 페이지가 나타나면 가운데 단추(빨간색
점선으로 표시)를 클릭하여 기본 예제 프로젝트 페이지로 들어갑니다. 브라우저
창에 인터넷 주소 scratch.mit.edu/starter_projects를 입력해서 들어가도 됩니다.

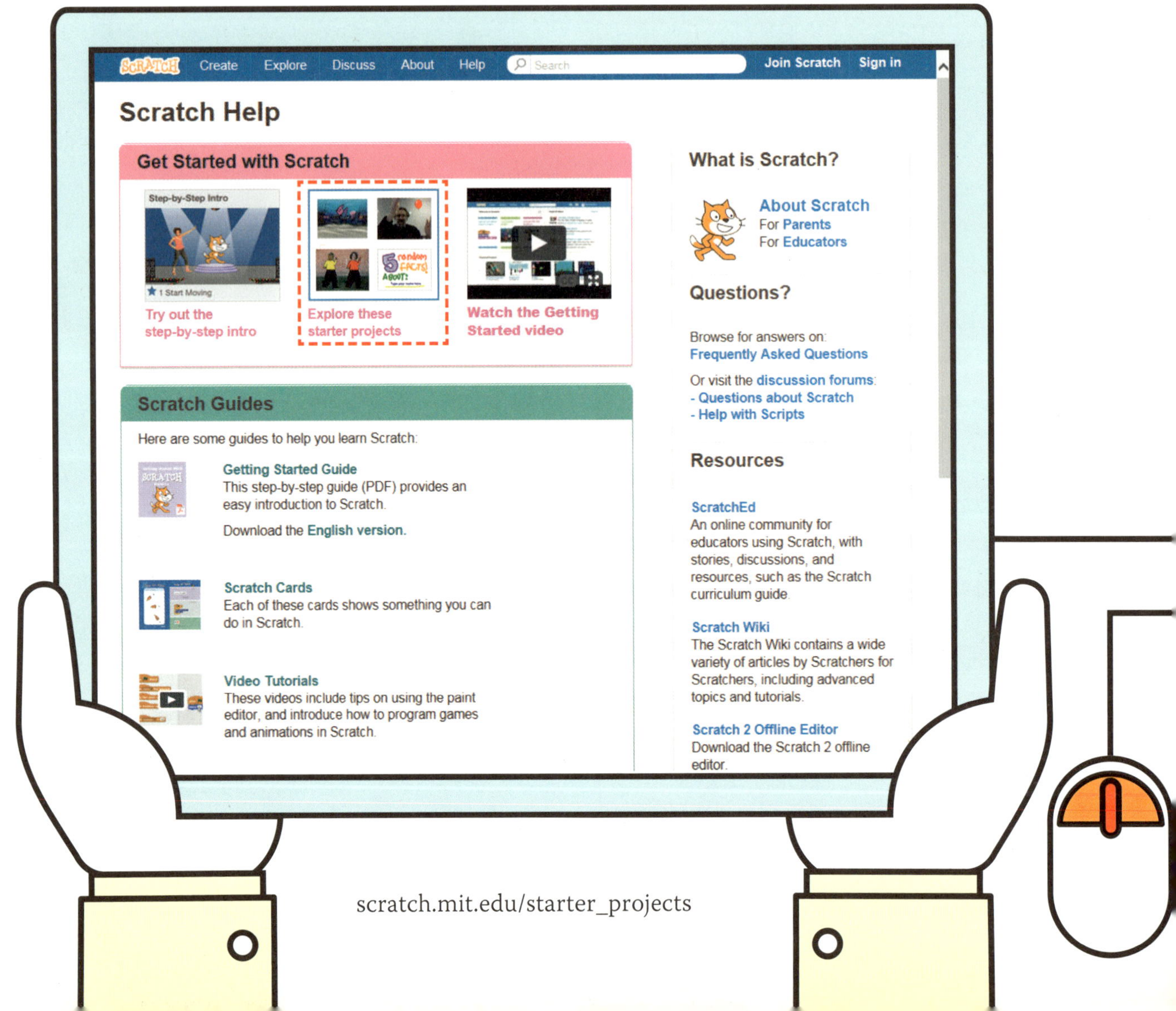

scratch.mit.edu/starter_projects

기본 예제 프로젝트

기본 예제 프로젝트 페이지는 예제 프로젝트들을
아래와 같은 6가지 종류로 나누고, 각 종류마다 4개의
프로젝트를 소개합니다.

- 애니메이션 (Animation)
- 게임 (Games)
- 아트 (Interactive Art)
- 음악 (Music and Dance)
- 이야기 (Stories)
- 동영상 감지 (video Sensing)

참고하세요

스크래치 프로그램 = 프로젝트

스크래치로 작성한 프로그램을 프로젝트
(project)라고 부릅니다. 프로젝트에는 스크래치
프로그램을 실행하는 필요한 모든 것(배경 그림,
스프라이트, 스크립트, 소리 등)이 포함됩니다.

　프로젝트는 스크래치 사이트의 '내 작업실'에
저장하거나 내가 사용하는 컴퓨터의 디스크에
저장할 수 있습니다.

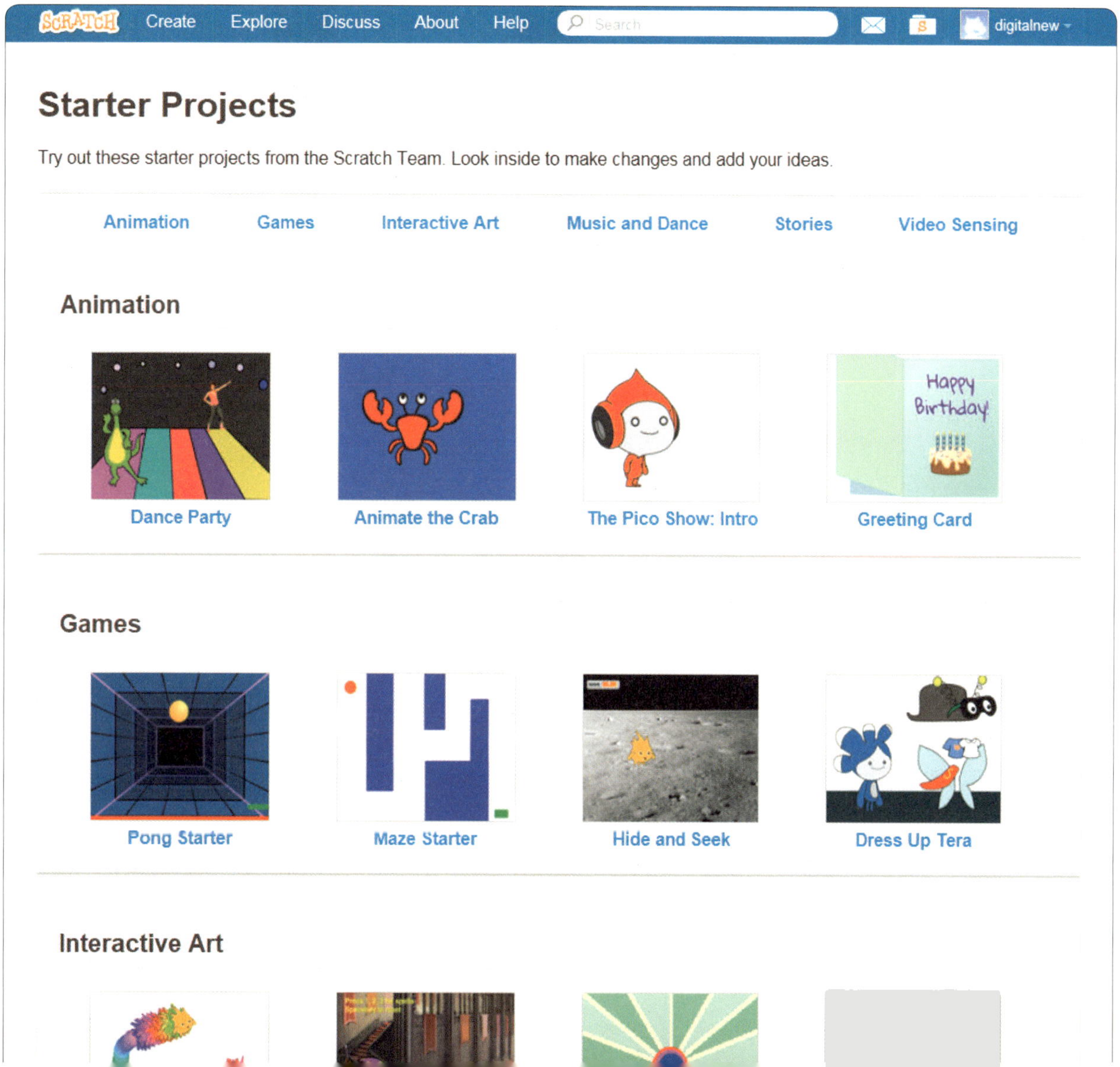

Starter Projects

Try out these starter projects from the Scratch Team. Look inside to make changes and add your ideas.

Animation　　Games　　Interactive Art　　Music and Dance　　Stories　　Video Sensing

Animation

Dance Party　　Animate the Crab　　The Pico Show: Intro　　Greeting Card

Games

Pong Starter　　Maze Starter　　Hide and Seek　　Dress Up Tera

Interactive Art

게 움직이기 프로젝트

예제 프로젝트 중에서 Animate the Crab 프로젝트를 선택해서 읽어오고 실행하는 실습을 해봅시다. 애니메이션(Animation) 분류의 두 번째 프로젝트 'Animate the Crab'를 클릭합니다.

프로젝트 페이지가 열리면 무대 가운데에 녹색 깃발이 나타납니다. 이때 녹색 깃발을 클릭하면 프로젝트가 실행되어 배경 음악이 연주되고 게가 이리저리 움직일 것입니다.

이 프로젝트는 영원히 계속되도록 만들어졌기 때문에 실행을 중지시키려면 빨간색 정지 신호 버튼을 눌러야 합니다.

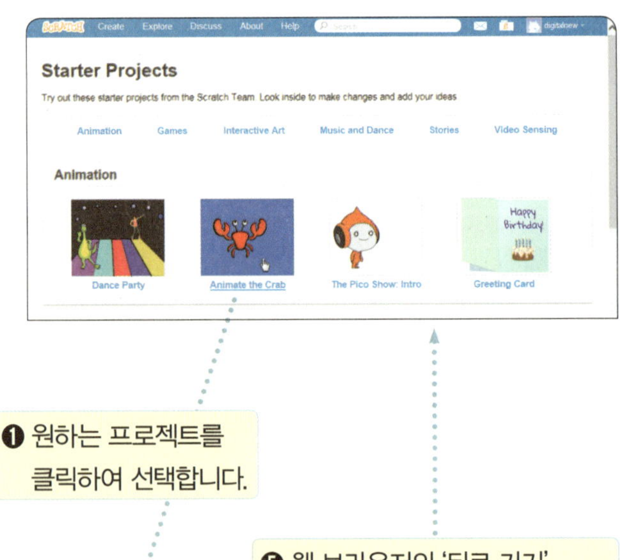

❶ 원하는 프로젝트를 클릭하여 선택합니다.

❺ 웹 브라우저의 '뒤로 가기' 단추를 클릭하면 기본 예제 프로젝트 페이지로 돌아옵니다.

❷ 녹색 깃발을 클릭하면 프로젝트가 실행됩니다. 아래 그림처럼 게가 움직이며 음악이 연주됩니다.

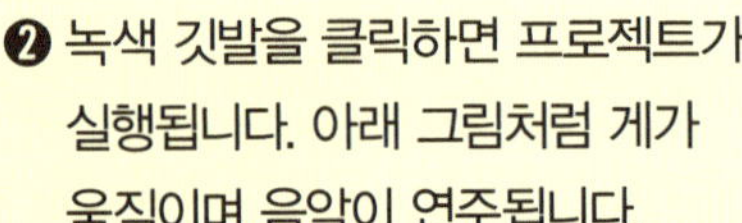

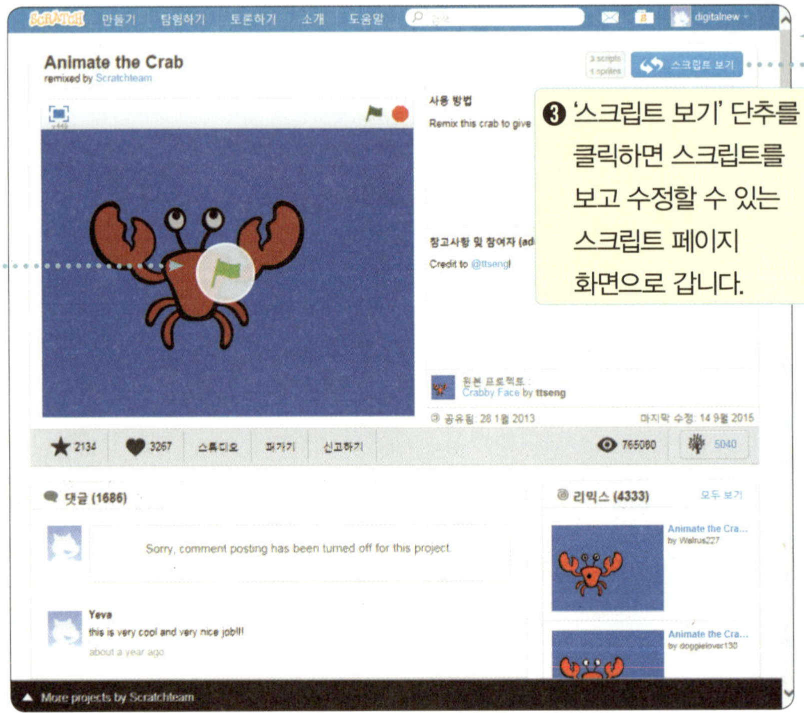

❸ '스크립트 보기' 단추를 클릭하면 스크립트를 보고 수정할 수 있는 스크립트 페이지 화면으로 갑니다.

scratch.mit.edu/projects/10015059

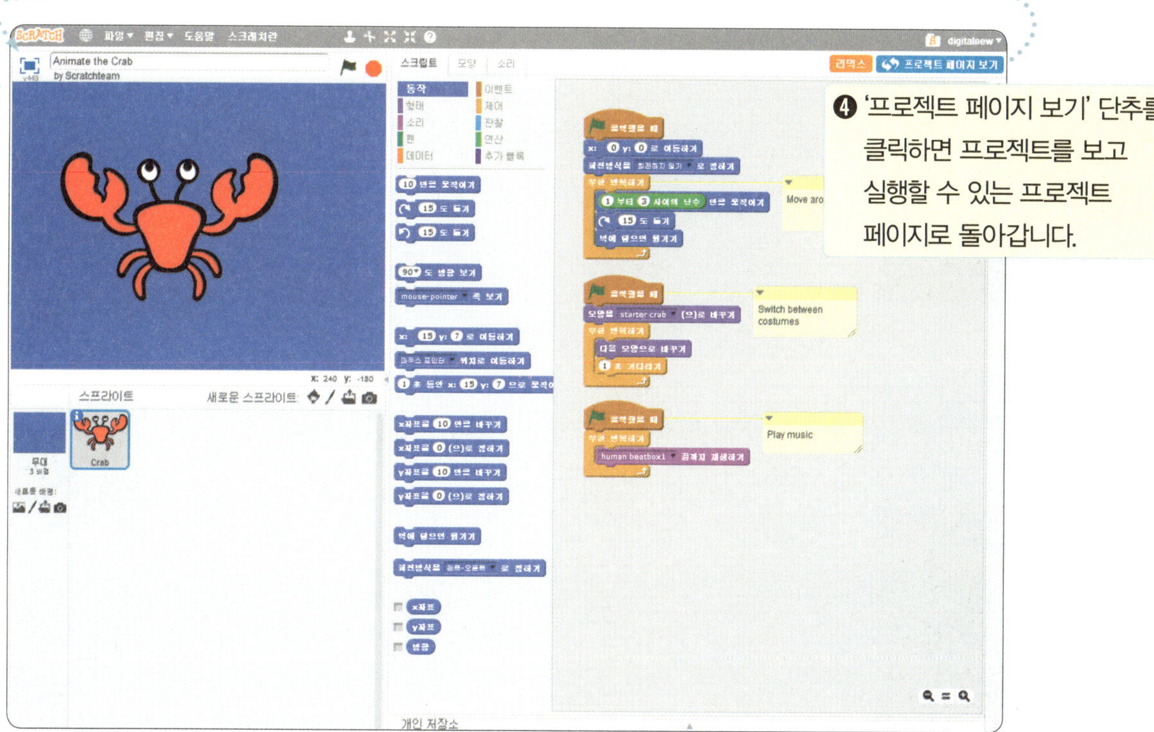

scratch.mit.edu/projects/10015059/#editor

실습하기 1

스크래치 프로젝트를 실행하라!

앞에서 배운 대로 기본 예제 프로젝트들을 선택하여 실행해봅시다. 프로젝트를
실행하고 멈추는 방법은 같지만 프로젝트를 사용하는 방법은 각기 다릅니다.
그런데 사용법 설명은 특별히 없거나, 설명이 있어도 영어로 씌여 있어서 눈치껏
알아내야 합니다. 하지만 간단한 프로그램들이니 걱정할 필요는 없습니다.

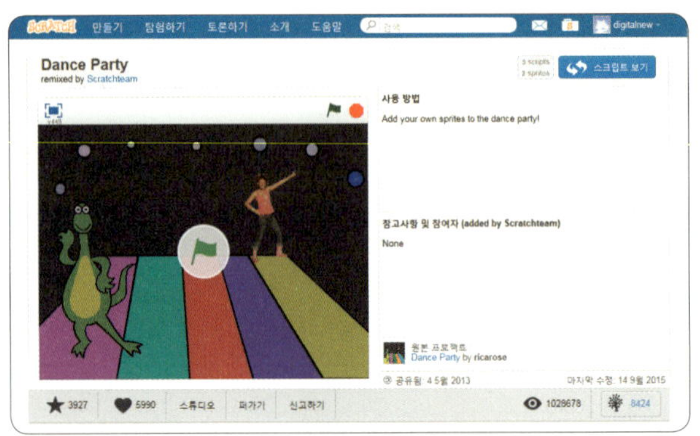

댄스 파티 – Dance Party

애니메이션 분류의 첫 프로젝트 댄스 파티를
실행하면 반짝거리는 피아노 건반 위에서
공룡과 캐시가 신나는 음악에 맞춰 춤을
춥니다. 공룡과 캐시가 어떻게 움직이는지 잘
보아두세요.

scratch.mit.edu/projects/10128067

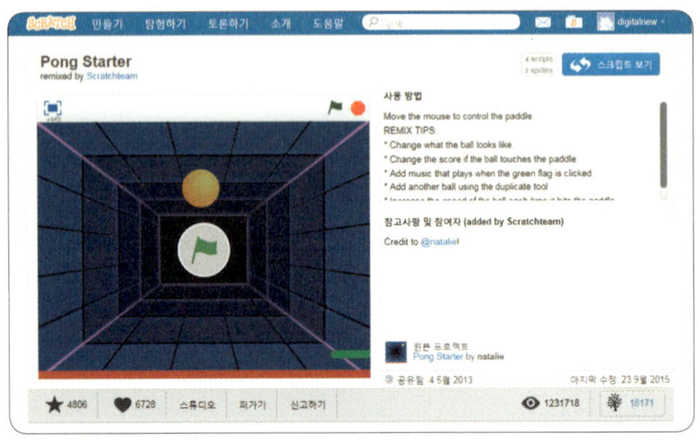

퐁 초보 게임 – Pong Starter

게임 프로젝트인 퐁 초보 게임은 혼자 하는 탁구
게임이라고 할 수 있습니다. 마우스로 막대를
움직여 내려오는 공을 막아보세요.

scratch.mit.edu/projects/10128515

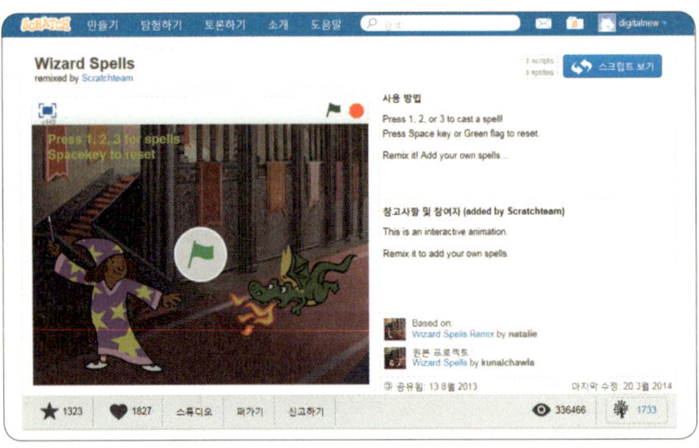

마법사 주문 – Wizard Spells

아트 프로젝트인 마법사 주문은
흥미롭습니다. 프로젝트를 실행한
뒤에 1을 누르면 용의 색깔이
바뀌고, 2를 누르면 용의 크기가 작아지면서 여러
마리로 나뉘고, 3을 누르면 점점 더 투명해집니다.
그리고 〈Space〉를 누르면 마법 효과가 취소됩니다.

http://scratch.mit.edu/projects/11829803

기본 예제 프로젝트 페이지
scratch.mit.edu/starter_projects

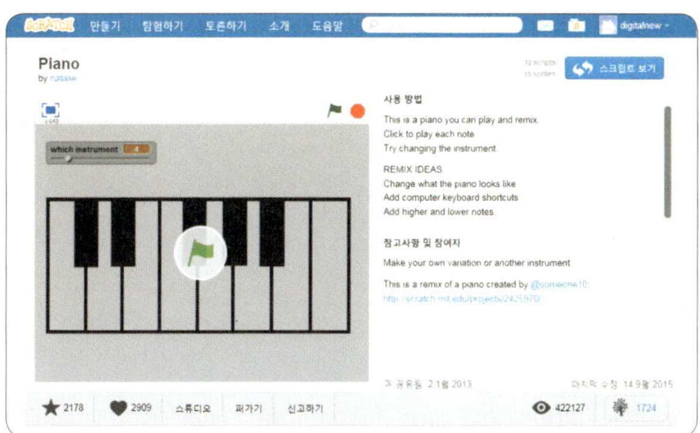

피아노 – Piano

음악 프로젝트인 피아노를 실행하면 마우스로
건반을 클릭하여 음악을 연주할 수 있습니다.
건반 위쪽에 있는 슬라이더를 마우스로 움직이면
악기의 종류(번호로 표시됩니다)를 바꿀 수 있고요.
복잡할 것 같지만 의외로 쉽게 만들 수 있어요.

scratch.mit.edu/projects/10012676

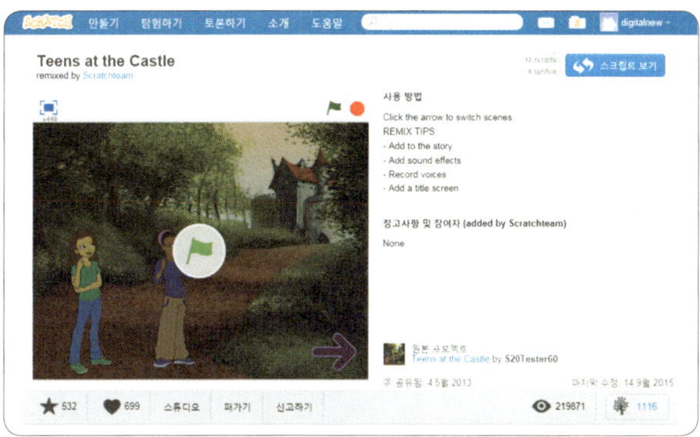

성에 간 10대 – Teens at the Castle

이야기 프로젝트입니다. 프로젝트를 실행하고 잠시
기다리면 두 주인공이 말을 할 겁니다. 실제로
말을 하는 건 아니고 말풍선으로. 그후에
오른쪽 아래에 있는 보라색 화살표를 클릭하면
다음 장면으로 넘어갑니다. 이런 식으로 동화
같은 이야기 책을 만들 수 있죠.

scratch.mit.edu/projects/10128197

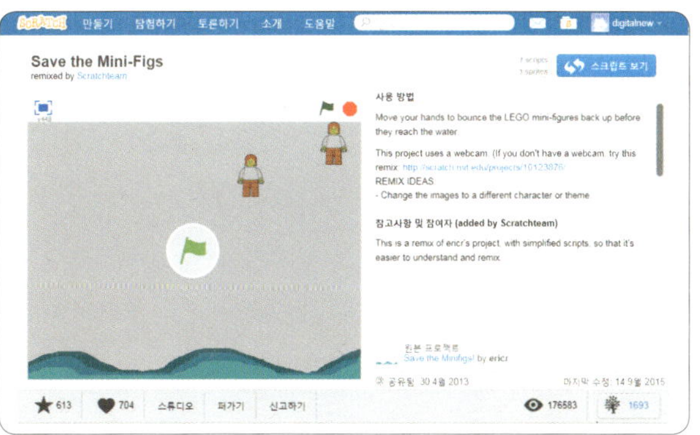

미니 피규어 구하기 – Save the Mini-Figs

동영상 감지 분류의 게임 프로젝트입니다.
위에서 아래로 내려오는 레고 블록을
손으로 받쳐서 구하는 게임인데 노트북
컴퓨터처럼 웹카메라가 달려 있어야 손의
움직임을 인식합니다. 웹카메라가 없다면
리믹스(수정한) 프로젝트를 대신 해보세요.

scratch.mit.edu/projects/10123832
scratch.mit.edu/projects/10123876 (리믹스)

스크래치 오프라인 에디터

스크래치는 웹브라우저를 통해 사용하는 온라인 에디터입니다. 하지만, 인터넷이
연결되어 있지 않아도 스크래치 오프라인 에디터를 사용할 수 있습니다. 윈도우,
매킨토시, 리눅스 운영체계용 프로그램이 준비되어 있습니다.

스크래치 오프라인 에디터 페이지에 들어가면 아래와 같은 화면이 나타납니다.
이 화면의 정보를 참조하여 자신이 사용하는 운영체계에 맞는 Adobe AIR과
스크래치 오프라인 에디터 프로그램을 다운로드하여 설치합니다. 그리고 기본 예제
프로젝트 파일들도 다운로드하여 적당한 폴더에 넣어둡니다.

스크래치 오프라인 에디터 페이지 scratch.mit.edu/scratch2download

Scratch 2 Offline Editor

You can install the Scratch 2.0 editor to work on projects without an internet
connection. This version will work on Mac, Windows, and some versions of
Linux (32 bit).

Note for Mac Users: the latest version of Scratch 2.0 Offline requires Adobe
Air 20. To upgrade to Adobe Air 20 manually, go here.

Adobe AIR

If you don't already have it, download
and install the latest Adobe AIR

Mac OS X - Download
Mac OS 10.5 & Older - Download
Windows - Download
Linux - Download

Scratch Offline Editor

Next download and install the
Scratch 2.0 Offline Editor

Mac OS X - Download
Mac OS 10.5 & Older - Download
Windows - Download
Linux - Download

Support Materials

Need some help getting started?
Here are some helpful resources.

Starter Projects - Download
Getting Started Guide - Download
Scratch Cards - Download

❶ Adobe AIR

운영체계에 대응되는 Adobe
AIR 페이지에 접속하여
화면에 나오는 대로
진행하면 됩니다. Adobe
AIR는 스크래치 오프라인
에디터를 실행하기 위해 꼭
필요한 프로그램입니다.

❷ 스크래치 오프라인 에디터

운영체계에 대응되는
스크래치 오프라인 에디터
설치 파일을 내려받아
실행하여 설치합니다.

❸ 기본 예제 프로젝트 파일

기본 예제 프로젝트 파일들을
내려받아 압축을 풀어서 적당한
폴더에 넣어둡니다.

스크래치 오프라인 에디터를 실행하면 아래와 같은 화면이 나타납니다. 여기에서 웹브라우저 화면에서 동작하는 스크래치 온라인 에디터의 거의 모든 기능을 사용할 수 있습니다.

메뉴에서 파일〉열기를 선택하면 '프로젝트 열기' 대화상자가 나타납니다. 여기에서 프로젝트 파일들을 저장한 폴더에서 원하는 프로젝트를 선택하여 불러와 실행할 수 있습니다.

참고하세요

프로젝트 파일의 확장자 = sb2

스크래치 에디터에서 저장한 프로젝트 파일의 확장자는 sb2입니다. 프로젝트 파일에는 프로젝트에 사용된 배경 그림, 스프라이트, 스크립트, 소리 등 모든 파일들이 저장되어 있습니다.

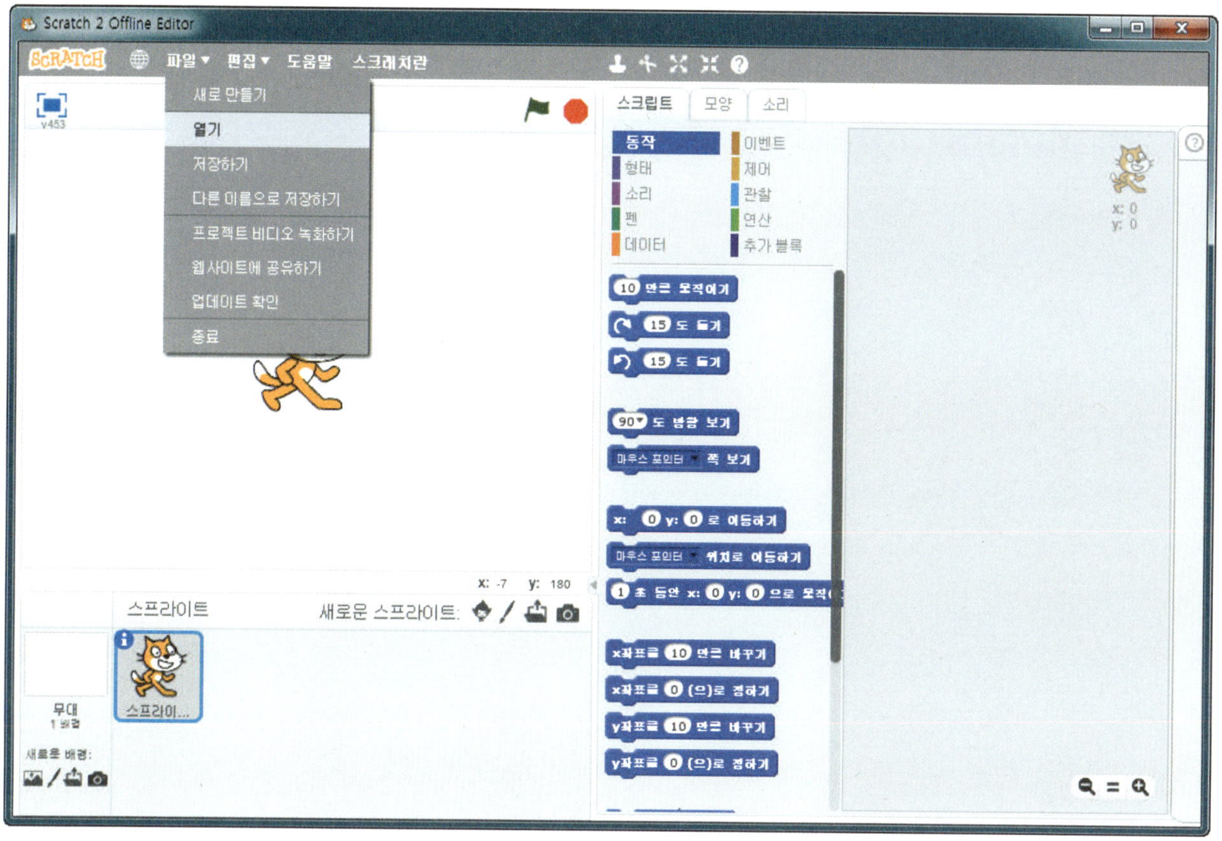

스크래치 오프라인2 에디터 다운로드 링크

- 윈도우용 스크래치2 오프라인 에디터 설치 파일 링크: scratch.mit.edu/scratchr2/static/sa/Scratch-453.exe
- 매킨토시용 스크래치2 오프라인 에디터 설치 파일 링크: scratch.mit.edu/scratchr2/static/sa/Scratch-453.dmg
- 기본 예제 프로젝트 압축 파일 링크: scratch.mit.edu/scratchr2/static/sa/Scratch2StarterProjects.zip

복습하기 1

스크래치, 이 정도는 알아야죠!

지금까지 스크래치 프로그래밍 언어는 무엇인지, 스크래치 사이트는 어떻게 구성되었고 어떻게 사용하는지, 스크래치 사이트에 가입하려면 어떻게 해야 하는지, 오프라인 에디터는 어떻게 설치하는지 살펴보았습니다. 다음 단계로 나가기 전에 배운 것들을 정확하게 기억하고 있는지 간단하게 복습해보죠.

❶ 스크래치에 대해 설명한 것 중 맞는 것은 무엇입니까?

① 스크래치라는 이름은 원래 과학 분야에서 사용되던 용어입니다.

② 스크래치 언어는 반드시 인터넷이 연결되어 있어야만 사용할 수 있습니다.

③ 스크래치는 매우 복잡한 게임 프로그램을 개발할 수 있을 정도로 강력합니다.

④ 스크래치는 초보자에게 코딩을 가르치기 위해서 만든 프로그래밍 언어입니다.

⑤ 스크래치는 미국 MIT 대학의 소프트웨어 공모전에서 대상을 받은 프로그래밍 언어입니다.

❷ 스크래치 언어를 구성하는 중요한 요소가 아닌 것은 무엇입니까?

① 무대

② 배경 그림

③ 화면 해상도

④ 스프라이트

⑤ 스크립트 블록

❸ 스크래치로 만들 수 있는 프로젝트의 종류가 아닌 것은 무엇입니까?

① 애니메이션 프로젝트

② 게임 프로젝트

③ 음악 연주 프로젝트

④ 동화 프로젝트

⑤ 인공지능 프로젝트

❹ 스크래치 사이트에 가입할 때 필요한 것이 아닌 것은?

① 사용자 이름

② 비밀번호

③ 운영체제

④ 이메일 주소

❺ 스크래치 사이트의 비밀번호를 잊었을 때는 무엇이 필요한가요?

① 사용자 이름

② 프로젝트 이름

③ 생년월일

④ 이메일 주소

❻ 아래의 스크래치 용어들을 그것이 의미하는 요소의 흰색 점과 연결하세요.

① 무대　　　② 스프라이트　　　③ 스크립트 블록　　　④ 실행 단추　　　⑤ 정지 단추

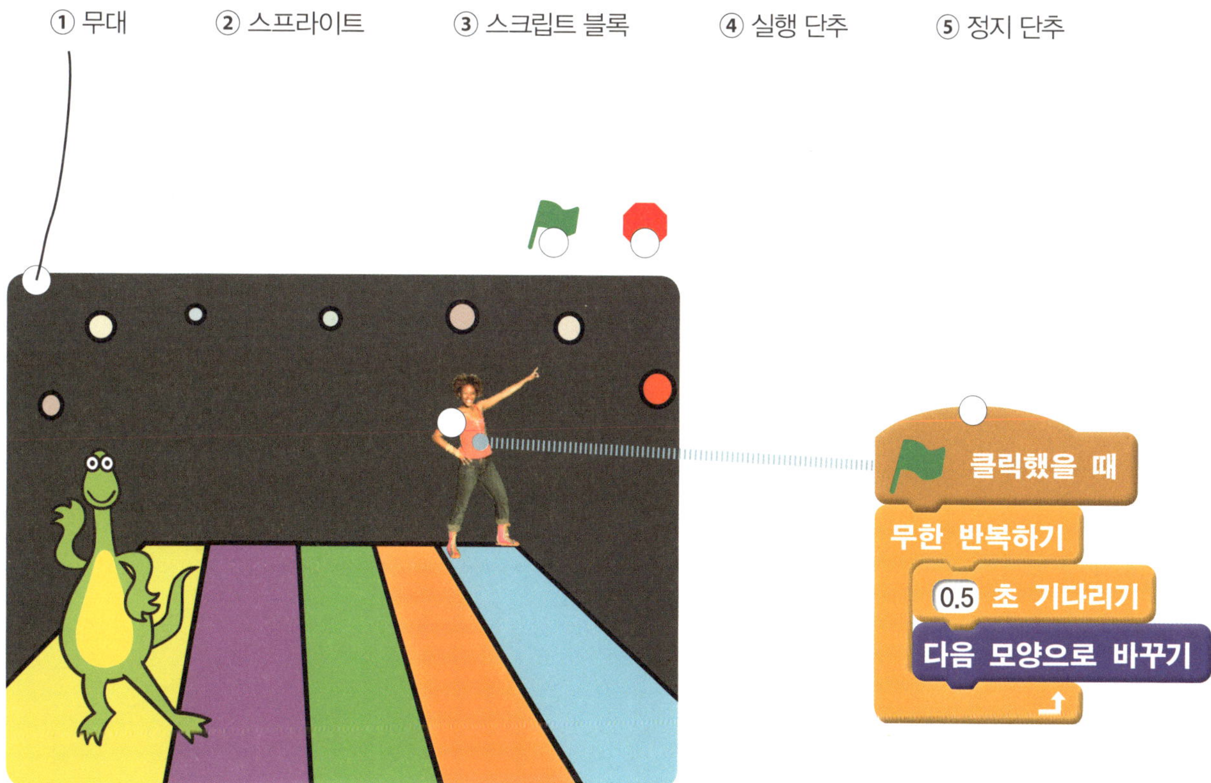

나의 첫 번째 스크래치 프로젝트

이제부터 스크래치 작업환경에서 어떻게 프로그램을 작성하는지 배워보겠습니다. 쉬운 것들부터 설명하겠지만, 스크래치로 프로그램을 작성하려면 꼭 알아야 할 것들을 설명합니다. 작업환경을 살펴보고 무대, 배경 그림, 스프라이트, 무대 좌표, 스크립트 블록 등을 배웁니다. 그리고 이런 지식을 사용하여 프로젝트를 만들고 저장하는 방법도 배웁니다.

실습 프로젝트도 몇 가지 만듭니다. 물론 아주 쉬운 것부터 시작하지만요. 바로 지금 시작해요~

스크래치 에디터 화면 이해하기

본격적으로 스크래치 프로그램을 작성하기 전에 먼저 스크래치 에디터 화면은
어떻게 구성되는지 살펴봅니다. 아래의 화면은 스크래치 사이트에 로그인한
상태에서 '만들기' 단추를 클릭하여 새로운 프로젝트를 시작한 상태입니다.
오프라인 에디터를 실행해도 이와 거의 같은 화면이 나타납니다.

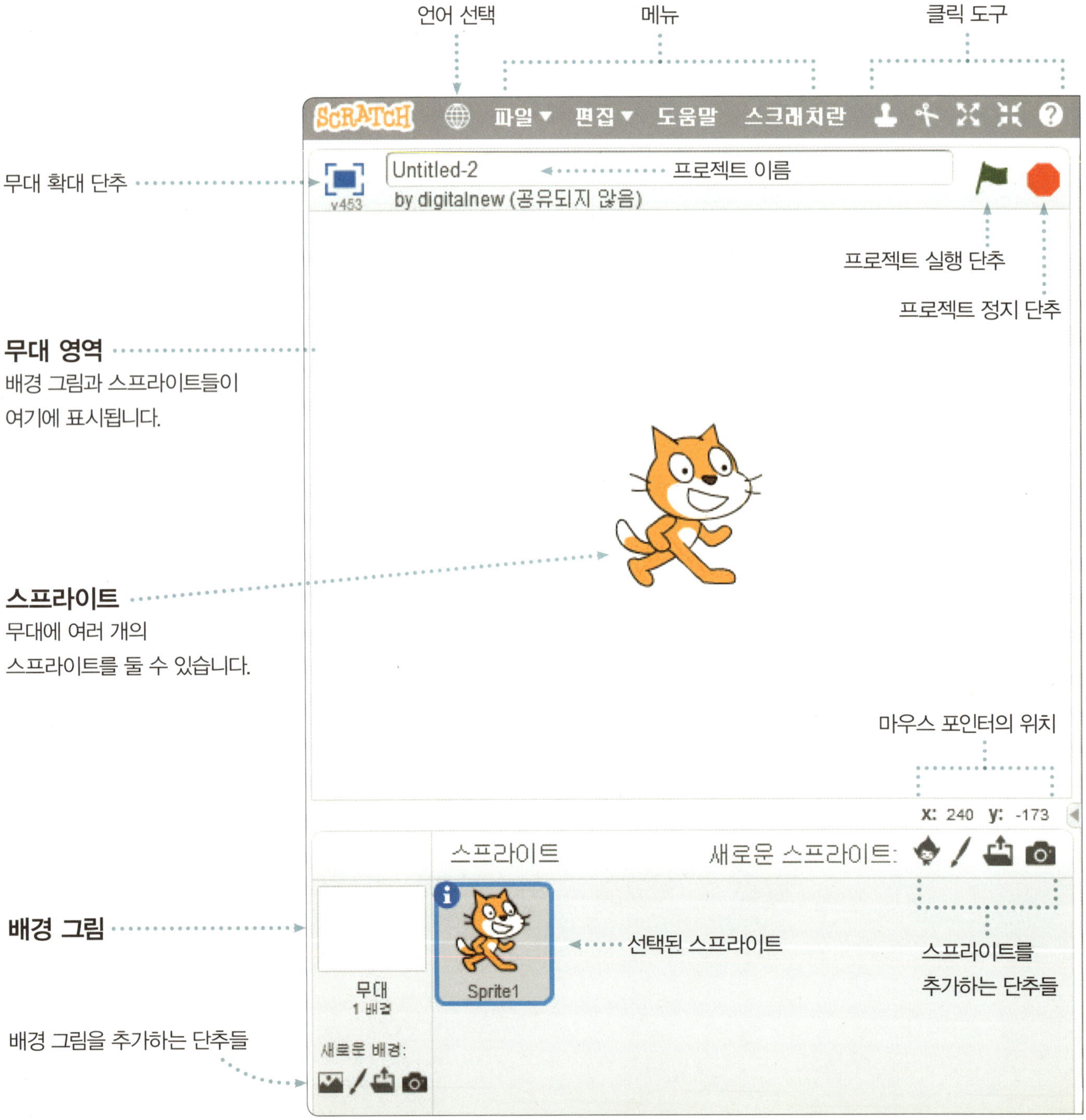

화면 왼쪽에 무대가 있습니다. 새로운 프로젝트를 시작하면 고양이 모양의
스프라이트 하나가 무대 중앙에 배치되어 있습니다. 무대 아래에는 현재 사용중인
배경 그림과 스프라이트들이 표시됩니다. 현재 선택된 스프라이트에 속해 있는
정보들을 오른쪽에서 확인하고 수정할 수 있습니다.

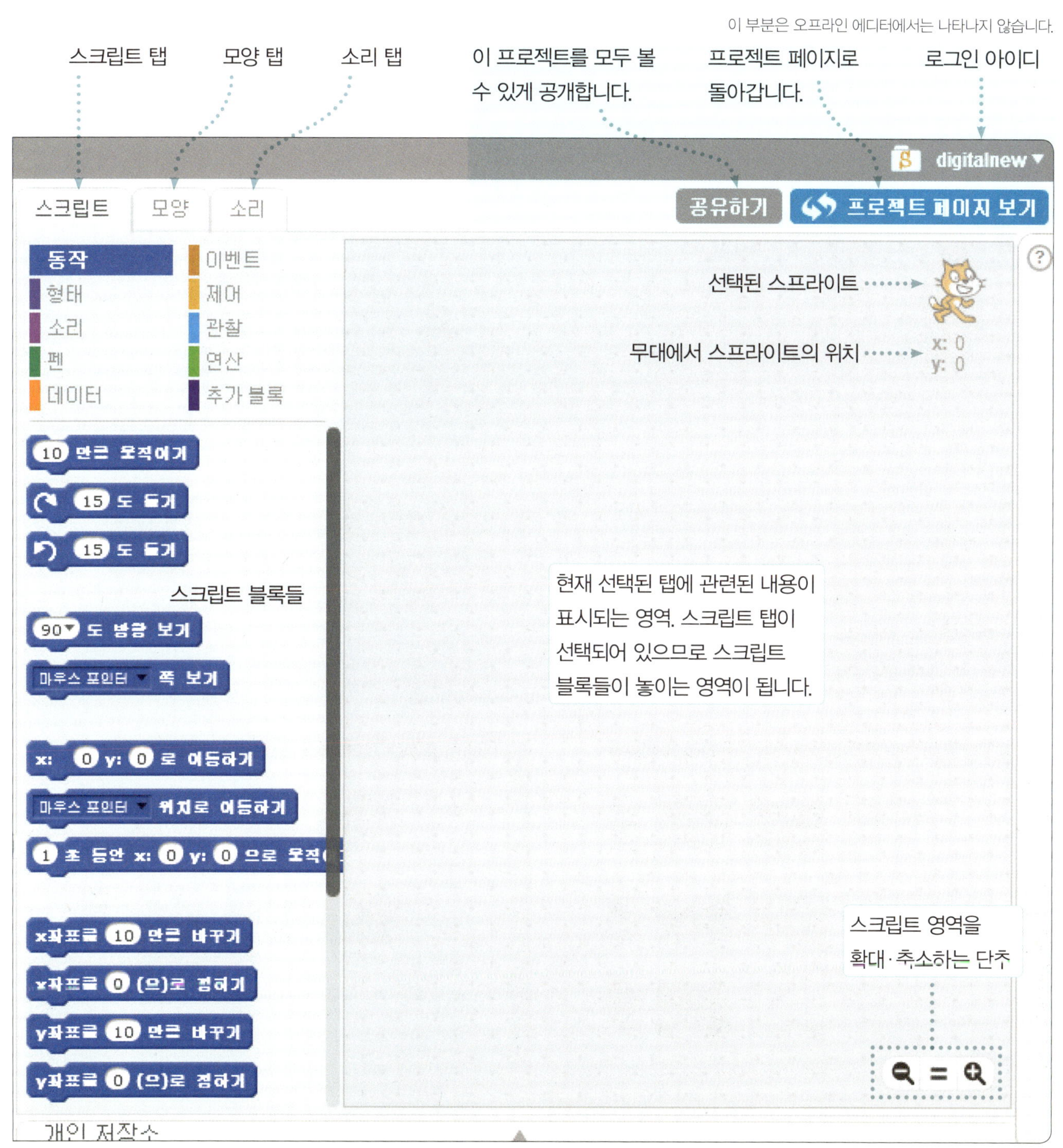

배경 그림 추가하기

무대 위에 놓여서 분위기를 잡아주는 그림을 배경 그림이라고 합니다. 이 배경 그림 위에 스프라이트가 표시되고 움직이므로 프로젝트의 특성에 맞는 배경 그림을 사용하는 것은 매우 중요한 일입니다. 프로젝트를 새로 만들면 배경 그림이 없는 것처럼 보이지만 실제로는 흰색 배경 그림이 있는 것입니다.

프로젝트는 하나 이상의 배경 그림을 가질 수 있습니다. 그러므로 새로운 배경 그림을 추가해봅시다. 배경 그림을 추가하는 방법에는 여러가지가 있지만 가장 쉬운 것은 스크래치가 제공하는 여러 그림들 중에서 선택하는 것입니다.

❶ '저장소에서 배경 선택' 단추

배경 그림 아이콘의 아래에 있는 '저장소에서 배경 선택' 단추를 클릭하면 스크래치가 제공하는 배경 그림들이 나타날 것입니다.

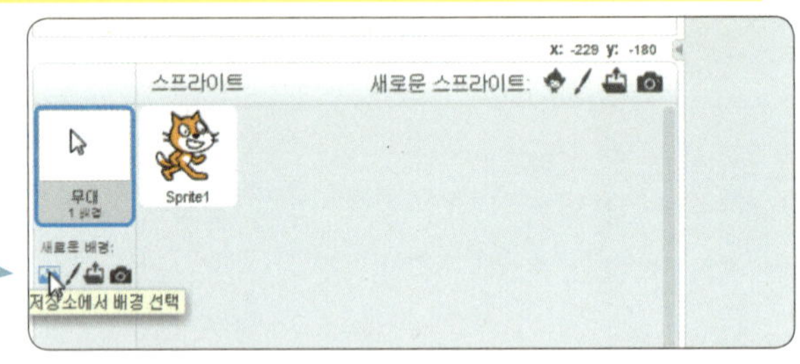

❷ 배경 주제 선택하기

배경 저장소 창에 있는 그림들 중에서 배경 그림으로 사용할 그림을 찾습니다. 주제 목록 중 하나를 클릭하면 표시되는 그림의 수를 줄일 수 있습니다. 여기에서 '음악과 춤' 주제를 클릭합니다.

❸ 배경 그림 선택하기

선택한 주제에 속하는 그림들만 표시되면 그중에서 배경 그림으로 사용할 그림을 고릅니다. 그리고 해당 그림을 더블 클릭하면 오른쪽처럼 프로젝트에 새로운 배경 그림으로 추가됩니다.

'배경 파일 업로드하기' 단추를 클릭하여
디스크에 있는 사진 파일을 배경 그림으로
추가할 수 있습니다. 사진 크기는 480×360으로
조정됩니다. 컴퓨터에 웹캠이 달려 있다면
'웹캠으로 배경찍기📷' 단추를 클릭하여 바로
사진을 찍어 배경 그림으로 넣을 수 있습니다.

참고하세요

배경 그림 = 위치 고정 스프라이트

배경 그림도 스프라이트처럼 스크립트와 소리를
가질 수 있습니다. 하지만 위치를 옮기는 동작
스크립트를 사용할 수 없습니다.

　배경 그림에 어울리는 음악을 추가하고 이를
연주하는 스크립트를 만들면, 프로젝트가
실행되는 동안 배경 음악을 연주할 수 있습니다.

배경 그림을 추가하면 자동으로 '배경' 탭을 선택한 상태가 됩니다.

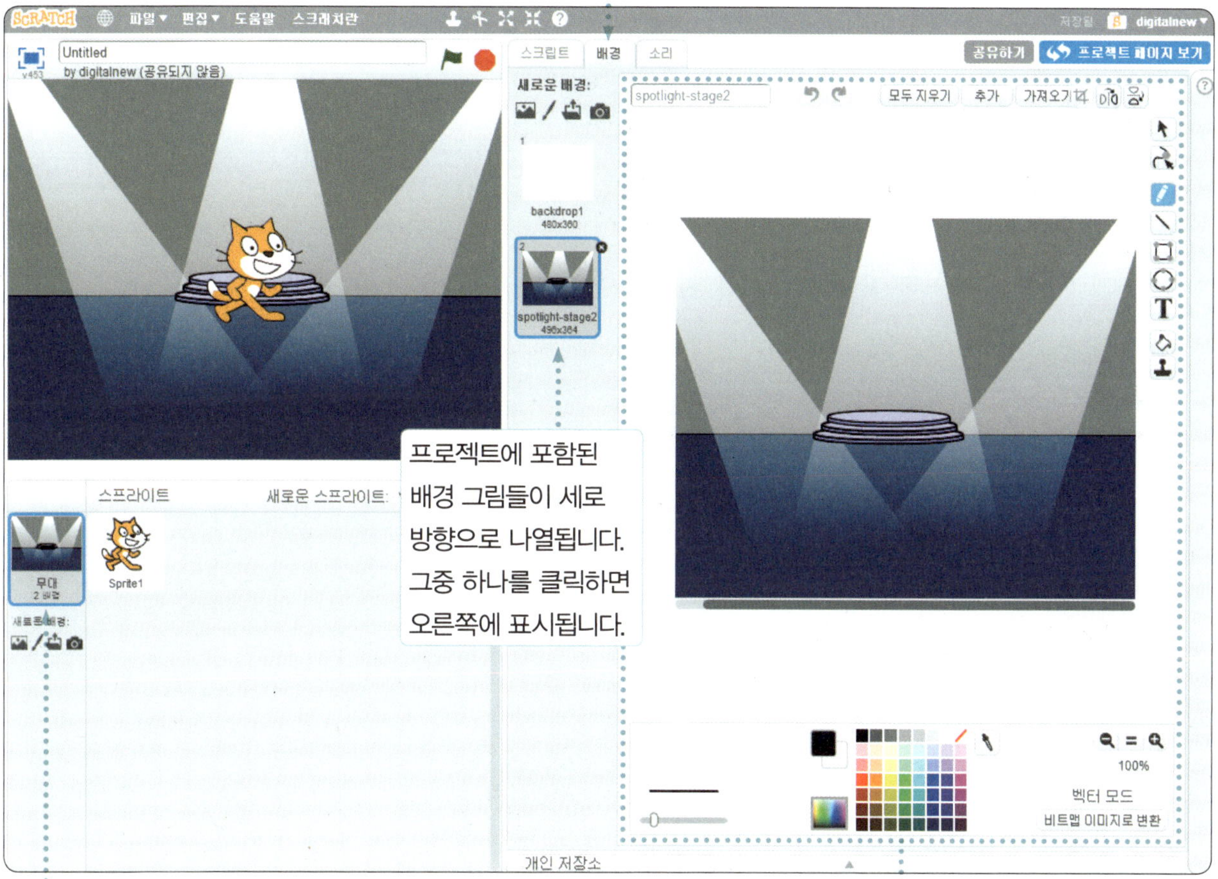

현재의 배경 화면 버튼에
앞에서 선택한 배경 그림이
표시됩니다. '2 배경'은 배경
그림이 2개 있다는 뜻입니다.

배경 탭이 선택되면 이 영역이 배경 그림을
편집하는 화면이 됩니다. 위 아래에 있는 여러
단추들을 이용하여 배경 그림을 수정할 수
있습니다.

스프라이트 이해하기

스크래치 프로그램을 작성하는 입장에서 보면 스프라이트는 모양, 소리, 스크립트의 3가지 요소가 합쳐져 제 기능을 하는 녀석입니다.

스크래치가 제공하는 스프라이트들은 하나 이상의 모양을 가지고 있고, 대부분 소리도 하나씩 가지고 있습니다. 여기에 여러분이 스프라이트의 모양과 소리를 조정하는 스크립트를 만들어 붙여주면 스프라이트는 여러분이 원하는 대로 무대 위를 움직이거나 춤을 추고, 소리를 내거나 음악을 연주할 것입니다.

스크립트

모양

소리

스프라이트 정보를 확인하고 수정하기

스프라이트는 스크립트, 모양, 소리 이외에도 몇 가지 정보를 가지고 있습니다.
스프라이트의 이름, 위치, 방향, 회전 방식, 보이는지 여부 등입니다. 이런 정보를
확인하고 수정하는 방법은 아래와 같습니다. 스프라이트 이름 외에는 스크립트를
통해서도 수정할 수 있습니다.

❶ i 클릭

선택한 스프라이트
아이콘의 왼쪽 위에 있는
파란색 i를 클릭합니다.

❷ 스프라이트 정보 확인 & 수정

스프라이트의 정보를 확인하고 수정할
수 있는 창이 펼쳐집니다. 스프라이트의
이름을 'cat'으로 수정합니다.

❸ 정보 수정 완료

왼쪽 위의 파란색
삼각형을 클릭하면 정보
창이 닫힙니다.

스프라이트의 이름
지우고 새로운 이름을 입력하면 바로 수정됩니다.

스프라이트의 방향
이 막대를 마우스로 돌려서
스프라이트의 방향을
수정할 수 있습니다.

스프라이트의 현재 위치
여기에서 수정할 수는 없고
무대에 있는 스프라이트를
마우스로 드래그해서 위치를
옮길 수 있습니다.

스프라이트 보이기·감추기
스프라이트를 화면에 표시할
것인지 숨길 것인지 지정합니다.

스프라이트의 회전 방식
스프라이트가 사방으로 회전할
것인지, 방향을 좌우로만 변경할
것인지, 회전을 하지 못하게 할
것인지 지정할 수 있습니다.

스프라이트의 모양 확인하기

스프라이트를 선택한 상태에서 '모양' 탭을 클릭하면 스프라이트를 구성하는
모양들을 보거나 수정할 수 있고, 새로운 모양을 추가할 수도 있습니다.
　스프라이트가 여러 개의 그림을 가지면 어떤 점이 좋을까요? 예를 들어, 아래의
고양이 스프라이트는 2개의 그림을 가지고 있는데 고양이를
움직이면서 두 그림을 교대로 보여주면 달리는 모습으로 보입니다.

모양 탭이 선택되면 이 영역이 스프라이트의
모양을 편집하는 화면이 됩니다. 위 아래에
있는 여러 단추들을 이용하여 모양을 수정할
수 있습니다.

스프라이트의 소리 들어보기

스프라이트를 선택한 상태에서 '소리' 탭을
클릭하면 아래 그림처럼 스프라이트에
포함된 소리를 들어보거나 수정할 수
있습니다.

스크래치는 여러 종류의 소리와 음악을
제공하므로 이들 중에서 스프라이트에
어울리는 것을 골라 추가할 수도 있습니다.

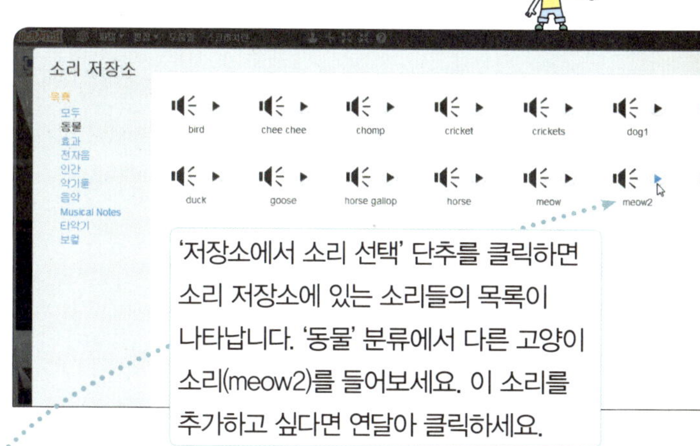

'저장소에서 소리 선택' 단추를 클릭하면
소리 저장소에 있는 소리들의 목록이
나타납니다. '동물' 분류에서 다른 고양이
소리(meow2)를 들어보세요. 이 소리를
추가하고 싶다면 연달아 클릭하세요.

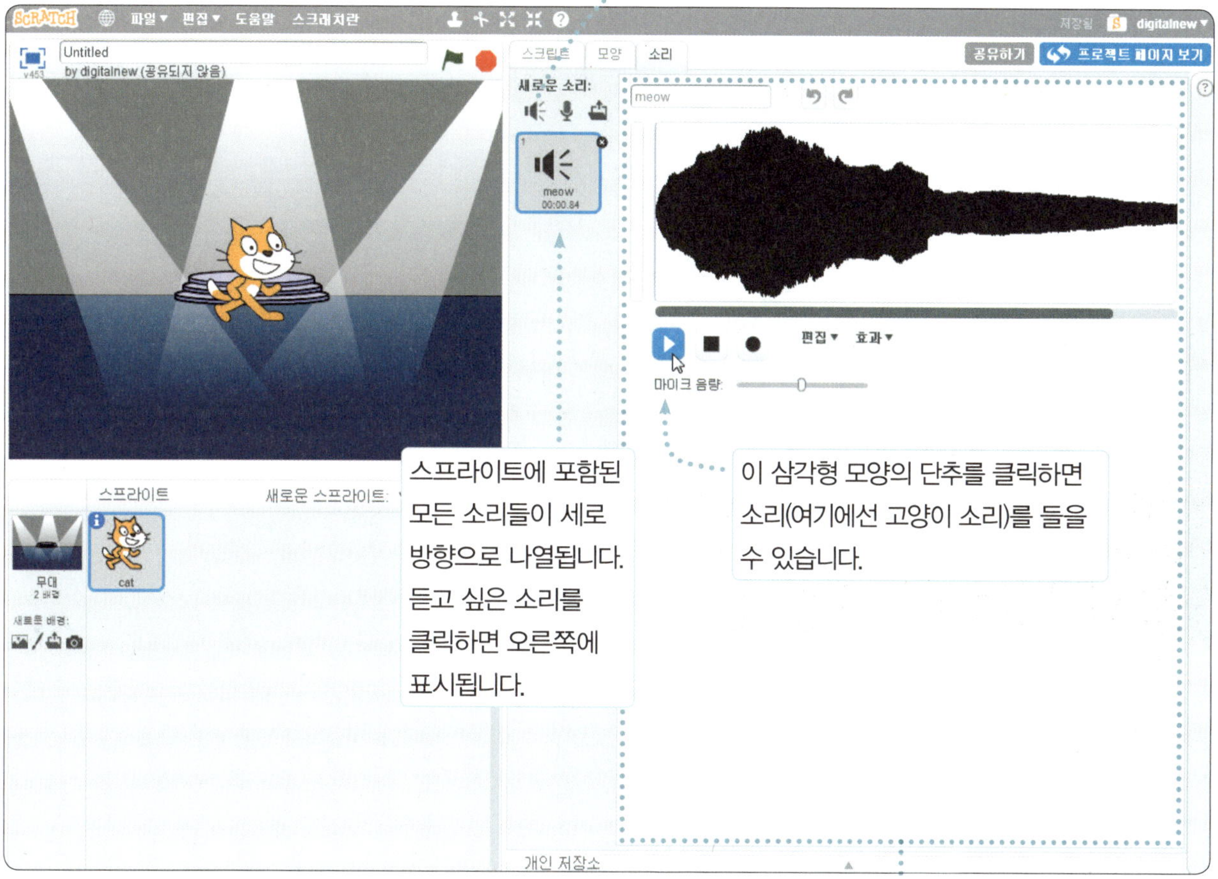

스프라이트에 포함된
모든 소리들이 세로
방향으로 나열됩니다.
듣고 싶은 소리를
클릭하면 오른쪽에
표시됩니다.

이 삼각형 모양의 단추를 클릭하면
소리(여기에선 고양이 소리)를 들을
수 있습니다.

소리 탭이 선택되면 이 영역이 스프라이트에
추가된 소리를 듣고 편집하는 화면이 됩니다.
위 아래에 있는 여러 단추들을 이용하여
소리를 편집할 수 있습니다.

스크립트 블록 이해하기

스크래치에서 스크립트란 하나의 명령입니다. 이 스크립트를 레고 블록 조립하듯이 결합하여 프로그램을 작성한다고 해서 스크립트 블록이라고 부릅니다. 스크래치는 다양한 스크립트 블록들을 제공하며, 이것들을 조립하여 스프라이트를 조정하는 프로그램을 작성할 수 있는 것입니다.

　스크립트 블록을 조립하려면 아래 그림에서 보는 것처럼 스크립트 블록을 마우스로 끌어서 스크립트 영역으로 복사해야 합니다. 이렇게 복사한 스크립트 블록을 다른 스크립트 블록 근처에 가져가면 자동으로 달라붙어서 연결됩니다.

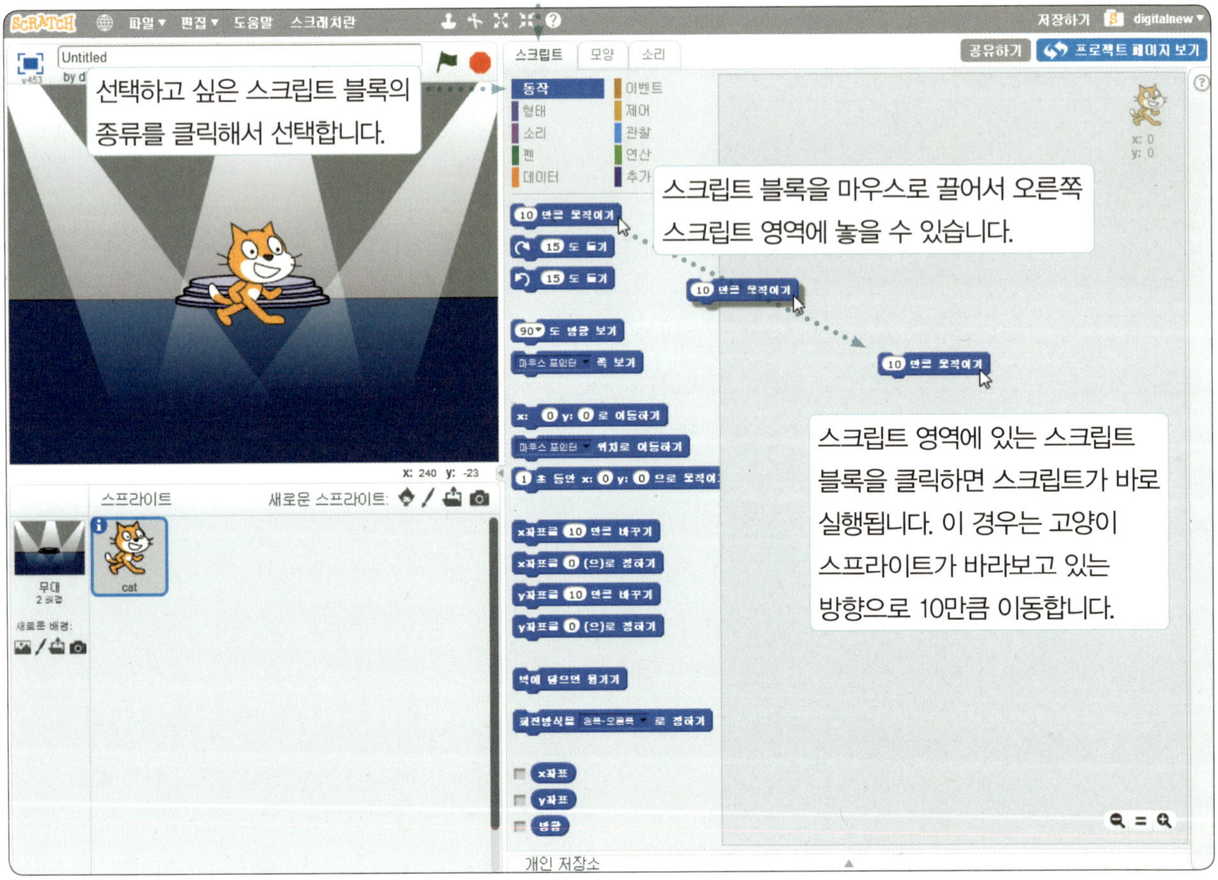

스크립트 블록의 종류

쓸모있는 프로그램을 만들기 위해서는 다양한 종류의 스크립트가 필요합니다.
스크래치는 100개가 넘는 다양한 스크립트들을 10가지 종류로 나누어 보관하고
있습니다. 특정 스크립트 블록을 스크립트 영역으로 복사하려면 그것이 속한
스크립트 블록의 이름을 클릭해서 펼쳐야 합니다.

동작

무대에서 스프라이트의 위치를 이동하고 방향을
변경하는 스크립트들입니다. 스프라이트의 현재
좌표와 방향을 화면에 표시할 수도 있습니다.

형태

배경 그림과 스프라이트의 모양과 크기를 변경하는
스크립트들입니다. 말풍선을 만드는 스크립트도
있습니다.

소리

소리 파일을 연주하거나 특정한 음의 소리를 내는
스크립트들입니다. 소리를 내는 경우 악기의 종류를
바꾸거나 속도를 조정할 수 있습니다.

펜

스프라이트가 움직이는 경로를 따라 선을 그리는
스크립트들입니다. 펜의 색깔, 굵기, 명암을 변경할 수
있습니다.

데이터

프로그래밍을 하기 위해 필요한 변수를 만들고 그
값을 변경하는 스크립트들입니다. 리스트도 만들고
다룰 수 있습니다.

이벤트

특정 조건(이벤트)이 발생했는지 판단하는
스크립트들입니다. 예를 들면, 프로젝트가
실행되었거나 특정 키가 눌렸는지 알 수 있습니다.

제어

스크립트를 반복해서 실행하거나 특정 조건에
따라 실행되는 순서를 바꾸는 스크립트들입니다.
스크립트를 특정 시간만큼 멈추게 할 수도 있습니다.

관찰

스프라이트가 무대의 벽, 마우스 포인터, 혹은 특정
색깔에 닿았는지 확인하는 스크립트들입니다. 이외에
특정 키가 눌렸는지 확인할 수 있습니다.

연산

사칙연산, 크기 비교, 나머지 구하기를 할 수 있는
스크립트들입니다. 임의의 수(난수)를 읽는 스크립트는
게임에서 자주 사용됩니다.

추가 블록

새로운 스크립트 블록을 만들 수 있습니다. 혹은
피코보드나 레고 WeDo 하드웨어를 다루는 확장
프로그램을 추가할 수 있습니다.

스프라이트 움직이기

동작 분류에 포함된 스크립트 블록들을 사용하면 무대 위에서 스프라이트의
모양을 움직일 수 있습니다. 아래에서 보는 것처럼 스프라이트를 앞으로 뒤로
움직일 수 있고, 바라보는 각도를 바꿀 수 있습니다. 그리고 스프라이트의 좌표를
특정 위치로 옮길 수도 있습니다. (무대 위치 이해하기 ☞ 54쪽)

앞으로 전진하기
스프라이트가 앞으로
(바라보는 방향으로)
숫자만큼 움직입니다.
움직인다는 것은 좌표값이
변화한다는 뜻입니다.

뒤로 후퇴하기
움직이기 스크립트의
숫자가 마이너스이면
뒤로(스프라이트가
바라보는 방향의 반대
방향으로) 움직입니다.

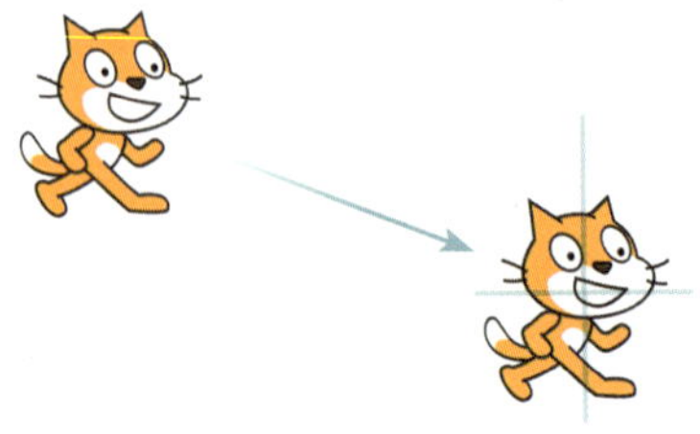

특정 위치로 이동하기
스프라이트가 지정된 위치로 이동합니다.
이 경우는 좌표 (0,0)으로 이동합니다.

벽에 닿으면 튕기기
무대를 벗어나 있을 때
이 스크립트를 실행하면
스프라이트가 무대 안으로
튕깁니다. 이때 바라보는
방향이 바뀔 수 있습니다.

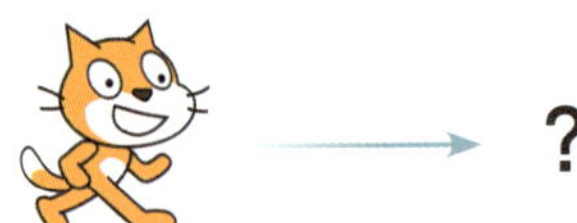

임의의 위치로 이동하기
스프라이트가 랜덤(random) 위치로
이동합니다. 미리 정한 위치가
아니라 매번 다른 위치로 이동할 수
있기 때문에 게임을 만들 때 자주
사용됩니다.

마우스 포인터 위치로 이동하기
현재 마우스 포인터가 있는 위치로
스프라이트가 이동합니다. 이
스크립트를 사용하면 스프라이트가
마우스 포인터를 계속 뒤쫓도록 만들 수
있습니다.

참고하세요

스프라이트의 회전방식

스프라이트의 모양이 회전하려면 스프라이트의 회전방식이 '회전하기'로 설정되어 있어야 합니다. 회전방식이 '회전하지 않기'로 되어 있으면 스프라이트 모양은 회전되지 않습니다. 스프라이트의 회전방식은 오른쪽의 동작 스크립트 블록으로 지정할 수 있습니다.

시계 방향으로 돌기
스프라이트가 시계 방향으로 지정된 각도만큼 회전합니다.

반시계 방향으로 돌기
스프라이트가 반시계 방향으로 지정된 각도만큼 회전합니다.

마우스 포인터 쪽 바라보기
스프라이트가 현재 마우스 포인터가 있는 방향으로 회전합니다. 이 스크립트를 사용하면 스프라이트가 마우스 포인터를 따라서 계속 회전하도록 만들 수 있습니다.

자유롭게 방향 바꾸기
스프라이트의 모양이 바라보는 방향을 지정된 각도로 바꿉니다. 회전방식이 '회전하기'일 때만 효과가 있습니다.

좌우 방향 바꾸기
현재의 회전방식이 '왼쪽–오른쪽'이라면 스프라이트의 모양은 아래와 같이 왼쪽과 오른쪽, 두 가지 방향으로만 표시됩니다. 각도가 플러스의 값이면 오른쪽, 마이너스의 값을 가지면 왼쪽을 바라보게 됩니다.

90 (오른쪽)   −90 (왼쪽)   0 (위)   180 (아래쪽)   양수 (오른쪽)   음수 (왼쪽)

스크립트 블록 다루기

스크립트 블록들을 결합하여 프로그래밍(코딩)을 하려면 스크립트 블록을 다루는
방법을 알아야 합니다. 적절한 스크립트 블록을 꺼내서 연결하고, 스크립트 블록에
들어가는 값을 고치고, 스크립트 블록을 복사하거나 삭제하는 등의 작업을 할 수
있어야 합니다.

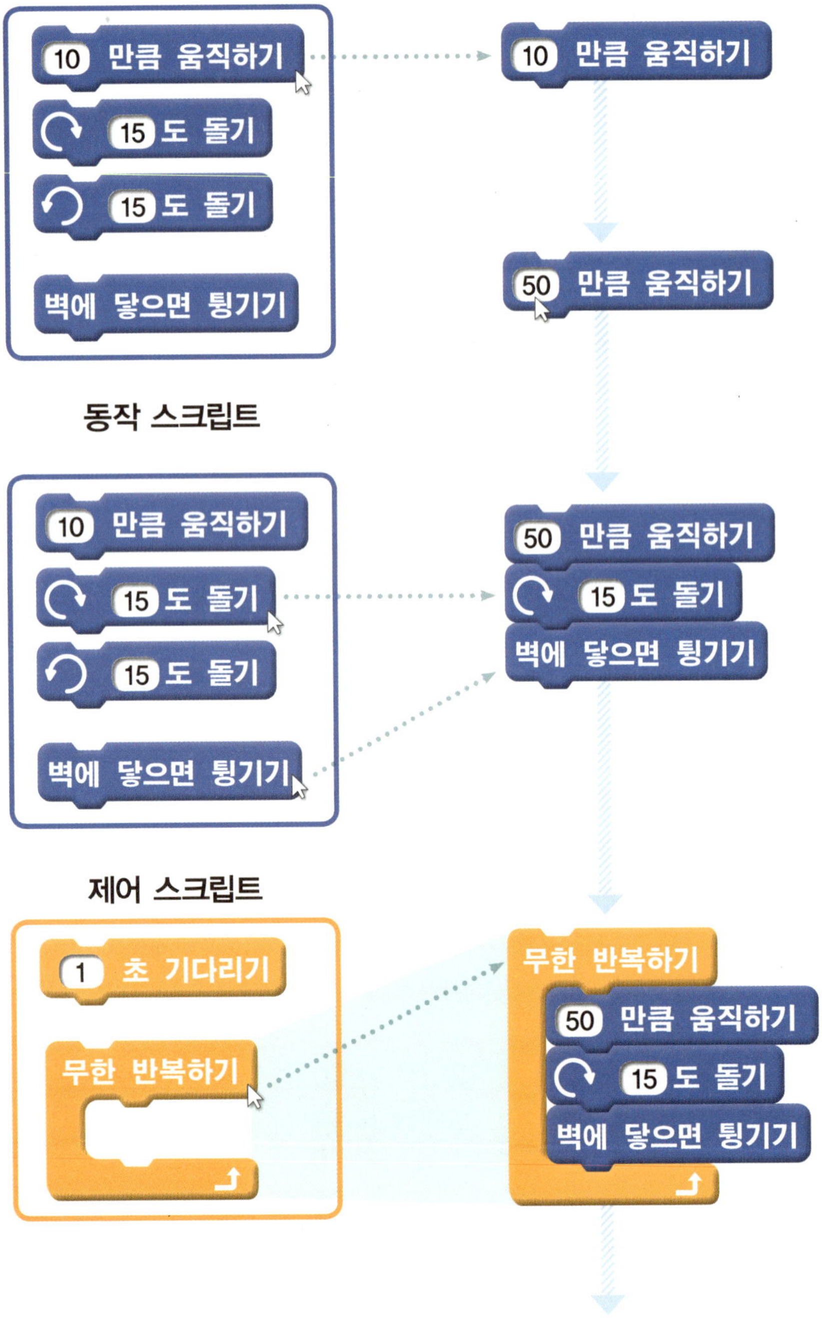

동작 스크립트

제어 스크립트

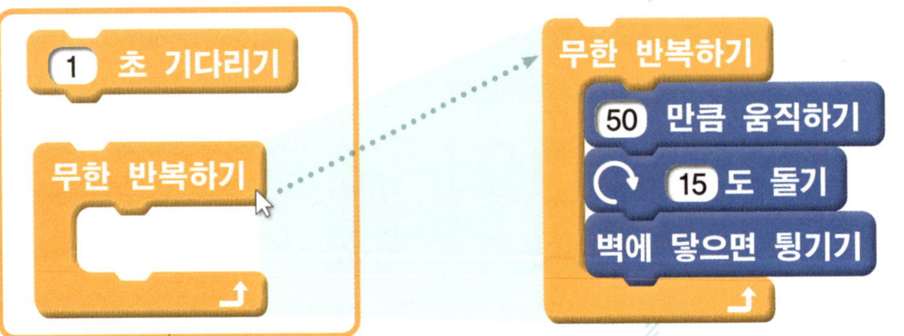

스크립트 블록 꺼내기
스크립트 블록을 마우스로
끌어서 스크립트 영역에 놓으면
복제되어 표시됩니다.

숫자 바꾸기
스프라이트가 더 멀리
움직이도록 흰색 칸을 클릭한
뒤에 더 큰 값으로 수정합니다.

스크립트 블록 결합하기
다른 스크립트 블록을 마우스로
끌어서 스크립트 블록 아래로
가져가면 연결될 부분이
흰색으로 표시됩니다. 이때
마우스 단추에서 손가락을 떼면
결합됩니다.

스크립트 블록 감싸기
제어 분류에 있는 [무한 반복하기]
블록을 마우스로 끌어서
스크립트 블록 덩어리 근처로
가져다 놓으면 전체를 감싸며
결합됩니다.

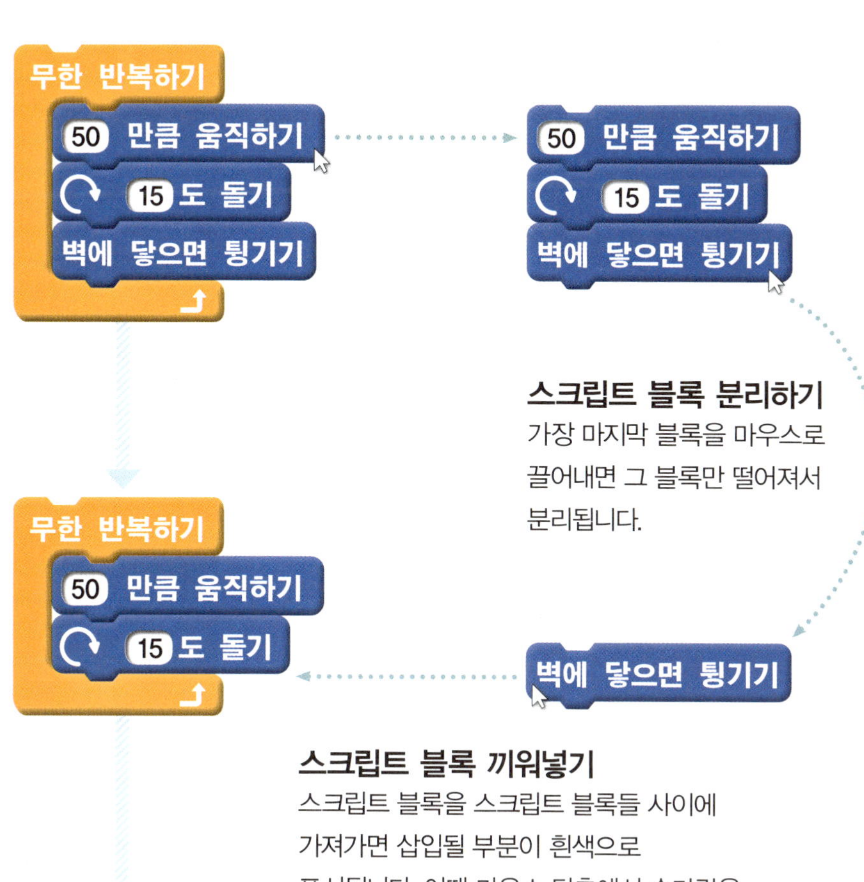

스크립트 블록 분리하기

블록을 마우스로 끌어내면 그 블록과 아래의 블록들이 모두 떨어져서 분리됩니다.

스크립트 블록 분리하기

가장 마지막 블록을 마우스로 끌어내면 그 블록만 떨어져서 분리됩니다.

스크립트 블록 끼워넣기

스크립트 블록을 스크립트 블록들 사이에 가져가면 삽입될 부분이 흰색으로 표시됩니다. 이때 마우스 단추에서 손가락을 떼면 블록을 밀어내고 삽입됩니다.

스크립트 블록 복사·삭제

스크립트 블록에 마우스 포인터를 두고 우클릭을 하거나 〈Shift〉 키를 누른 채 클릭하면 단축 메뉴가 나타납니다. 이때 복사나 삭제를 선택하면 스크립트 블록을 복사하거나 삭제할 수 있습니다.

숫자 바꾸기

스크립트 블록에 빈 칸이 있으면 그곳을 클릭하여 숫자를 바꿀 수 있습니다.

값 선택하기

스크립트 블록에 목록 선택 단추가 있으면 그곳을 클릭하여 값을 선택할 수 있습니다.

스크립트 블록 실행하기

여러 개의 스크립트 블록들을 적절하게 결합한 뒤에는 그것이 생각한 대로
동작하는지 보기 위해 실행해서 확인해야 합니다. 그 방법은 매우 간단합니다.
블록들 중 아무 블록이나 클릭하면 됩니다. 다시 한번 클릭하면 멈춥니다.

프로젝트가 시작되면 자동으로 실행되어야 하는 스크립트 블록이 있다면 처음에
[🚩 클릭했을 때] 스크립트를 추가하면 됩니다.

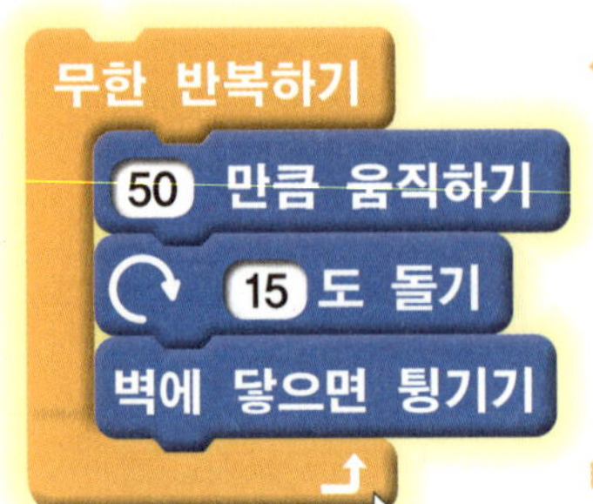

스크립트의 실행 순서
스크립트 블록은 위에서부터
차례대로 실행됩니다.

스크립트 블록 무한 반복하기

제어 분류에 있는 [무한 반복하기]
스크립트는 내부에 있는 스크립트
블록들을 반복하여 실행합니다.

스크립트 블록들 중 아무 것이나 클릭하면
스크립트 블록이 실행됩니다. 스크립트
블록이 실행되고 있을 때는 블록들의
가장자리가 노란색으로 빛이 납니다.

이벤트 스크립트

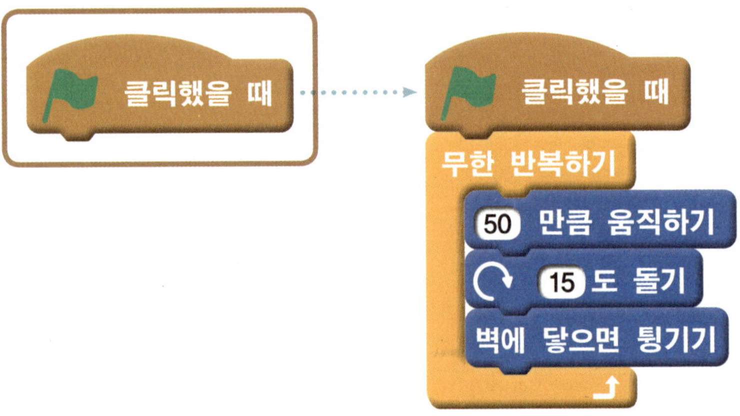

스크립트 블록 자동실행하기

프로젝트가 시작되면 바로 실행되게
만드려면 스크립트 블록의 처음
위치에 [🚩 클릭했을 때] 스크립트를
추가합니다.

이벤트 분류에 있는 [🚩 클릭했을
때] 스크립트 블록을 마우스로
끌어서 맨 위에 가져다 놓으면
자동으로 결합합니다.

프로그램 순서도를 보고 스크립트 블록을 결합하는 과정

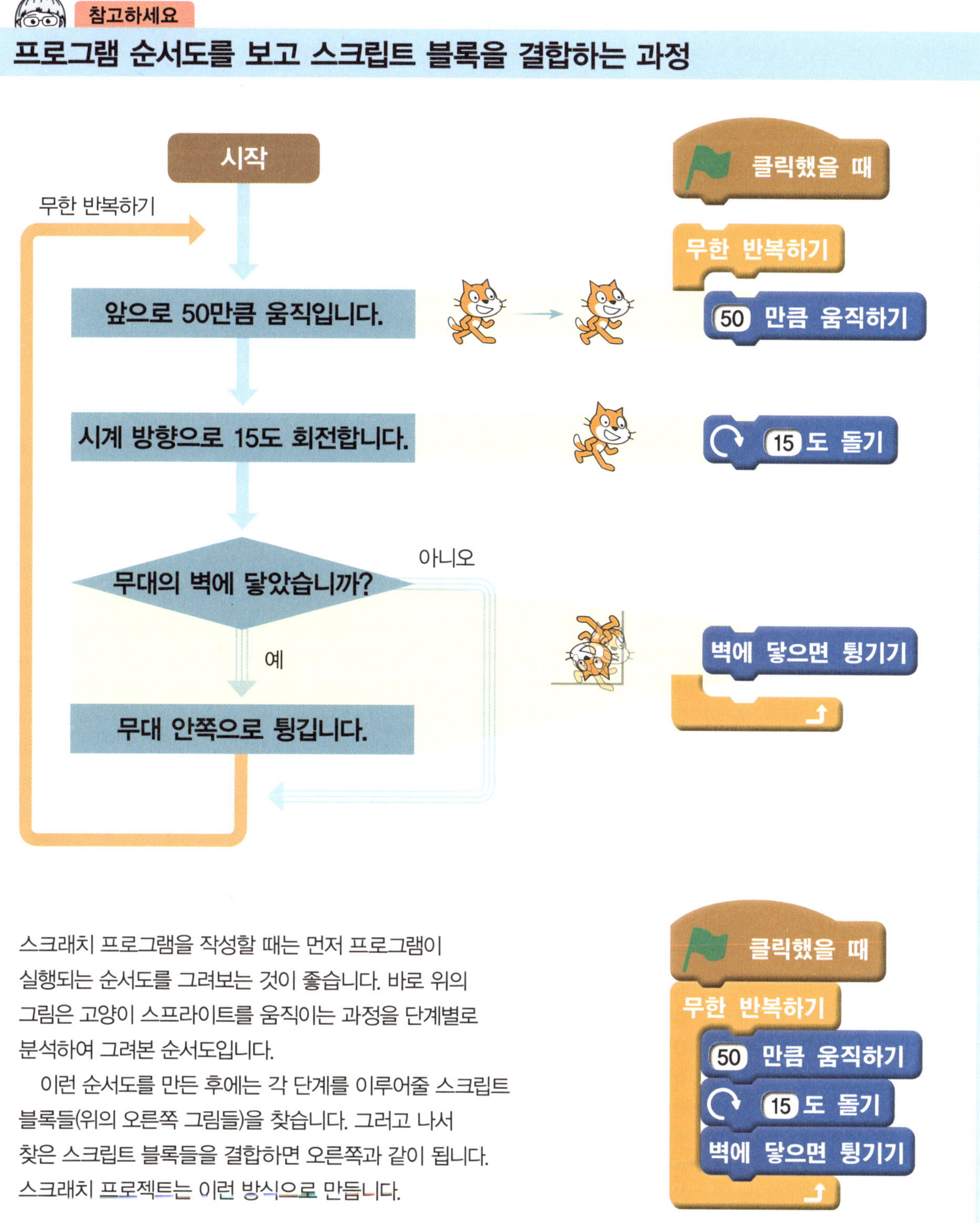

스크래치 프로그램을 작성할 때는 먼저 프로그램이
실행되는 순서도를 그려보는 것이 좋습니다. 바로 위의
그림은 고양이 스프라이트를 움직이는 과정을 단계별로
분석하여 그려본 순서도입니다.

　이런 순서도를 만든 후에는 각 단계를 이루어줄 스크립트
블록들(위의 오른쪽 그림들)을 찾습니다. 그러고 나서
찾은 스크립트 블록들을 결합하면 오른쪽과 같이 됩니다.
스크래치 프로젝트는 이런 방식으로 만듭니다.

복습하기 2.1

스크래치 이해하기

제2장의 중간 복습입니다. 우리는 지금까지 스크래치 에디터의 화면, 배경 그림, 스프라이트, 스크립트 블록에 대해 배웠습니다. 다음 단계로 스크립트 블록을 결합하여 프로젝트를 만드는 실습을 하기 전에 앞에서 배운 것들을 확인해보죠. 5번 문제의 항목들 중에 모르는 것이 있다면 직접 확인해보고 판단하세요.

❶ 스크래치 에디터에 대해 설명한 것 중 틀린 것은 무엇입니까?

① 스크래치 에디터는 온라인 상태에서만 사용할 수 있습니다.

② 배경 그림과 스프라이트는 한꺼번에 여러 개를 사용할 수 있습니다.

③ 스크래치는 다양한 종류의 배경 그림과 스프라이트들을 제공합니다.

④ 무대에서 스프라이트의 현재 위치는 스크립트 영역의 오른쪽 위에 표시됩니다.

⑤ 스크립트 블록은 한꺼번에 모두 보여줄 수가 없어서 종류별로 나누어 표시합니다.

❷ 스프라이트를 구성하는 3가지 요소가 아닌 것은 무엇입니까?

① 스크립트

② 모양

③ 연산

④ 소리

❸ 스크립트 블록의 종류가 아닌 것은 무엇입니까?

① 동작

② 이벤트

③ 형태

④ 제어

⑤ 데이터

⑥ 프로젝트

❹ 아래에서 왼쪽의 명령을 수행해주는 동작 스크립트 블록과 연결하세요.

① 앞으로 전진하기 ○　　　　○ −10 만큼 움직이기

② 뒤로 후퇴하기 ○　　　　○ 15 도 돌기

③ 특정 위치로 이동하기 ○────────○ x: 0 y: 0 로 이동하기

④ 오른쪽 방향 보기 ○　　　　○ 15 도 돌기

⑤ 반시계 방향으로 회전하기 ○　　　　○ 10 만큼 움직이기

⑥ 시계 방향으로 회전하기 ○　　　　○ 90˅ 도 방향 보기

❺ 오른쪽 아래와 같은 스크립트 블록이 있다고 할 때 다음 설명 중에 틀린 것은?

① [무한 반복하기] 블록은 그 안에 있는 스크립트 블록들을 계속 반복하여 실행합니다.

② [50만큼 움직이기] 블록을 드래그하면 그 아래에 있는 2개의 블록도 함께 움직입니다.

③ [↻ 15도 돌기] 블록은 중간에 있기 때문에 그것만 한번에 뺄 수는 없습니다.

④ [벽에 닿으면 튕기기] 블록은 끝에 있기 때문에 그것만 한번에 뺄 수 없습니다.

⑤ 무대 위에 있는 🚩 버튼을 클릭하면 모든 스크립트 블록이 바로 실행됩니다.

⑥ 오른쪽의 스크립트 블록에서 [무한 반복하기] 블록을 제외하고는 위에서부터
  아래로 하나씩 실행됩니다.

⑦ 실행되고 있는 스크립트 블록은 가장자리가 노란색으로 밝게 빛납니다.

⑧ 오른쪽의 스크립트 블록이 실행되고 있을 때 [50만큼 움직이기] 블록의 숫자를
  다른 값(예를 들면 70)으로 바꾸면 바로 반영됩니다.

⑨ 스크립트 블록이 실행되고 있을 때에도 무대에서 움직이는 스프라이트를
  마우스로 옮길 수 있습니다.

달리는 고양이

지금까지 배운 것들을 활용하여 실제로 스크래치 프로젝트를 만드는 실습을 합니다. 처음이니만큼 아주 간단한 프로젝트를 만듭니다. 앞에서 배운 몇 가지 동작 스크립트와 반복 실행 제어 스크립트를 사용합니다. 그리고 프로그램의 실행을 잠시 정지시키는 제어 스크립트도 사용합니다. 이것만으로 고양이가 무대를 휘젓고 다니게 만들 수 있습니다.

아래의 왼쪽 그림이 우리가 만들 스크래치 프로젝트의 순서도입니다. 오른쪽 페이지의 12단계를 따라하여 아래와 같은 스크립트 블록을 만들어 보세요.

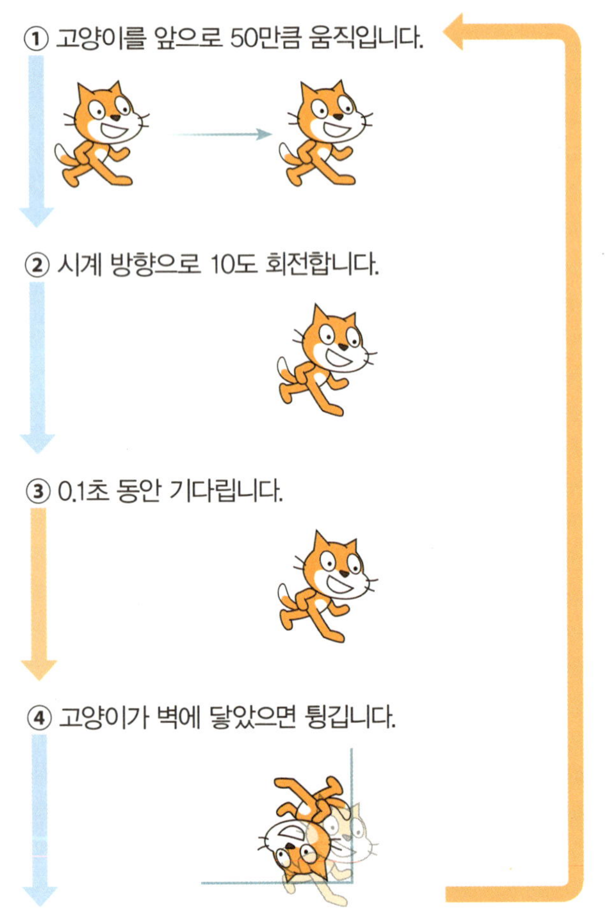

❶ 새 프로젝트를 시작합니다. 무대 가운데에 고양이 스프라이트가 나타날 것입니다.

❷ 고양이 스프라이트의 이름을 'cat'으로 바꿉니다. (☞ 35쪽)

❸ cat 스프라이트를 선택한 상태에서 스크립트 탭을 클릭하여 선택합니다.

❹ 동작 스크립트에 있는 [□만큼 움직이기] 블록을 스크립트 영역으로 끌어다 놓습니다.

❺ [□만큼 움직이기] 블록의 숫자 값을 50으로 수정합니다.

❻ [↻ □도 돌기] 블록을 끌어다가 아래에 붙여서 연결합니다.

❼ [↻ □도 돌기] 블록의 숫자 값을 10으로 수정합니다.

❽ 제어 스크립트에 있는 [□초 기다리기] 블록을 가져와서 아래에 붙여서 연결합니다.

❾ [□초 기다리기] 블록의 숫자 값을 0.1로 수정합니다.

❿ [벽에 닿으면 팅기기] 블록을 끌어다가 아래에 붙여 연결합니다.

⓫ 제어 스크립트에 있는 [무한 반복하기] 블록을 끌어다가 놓아주면 스크립트 블록 전체를 감싸면서 결합합니다.

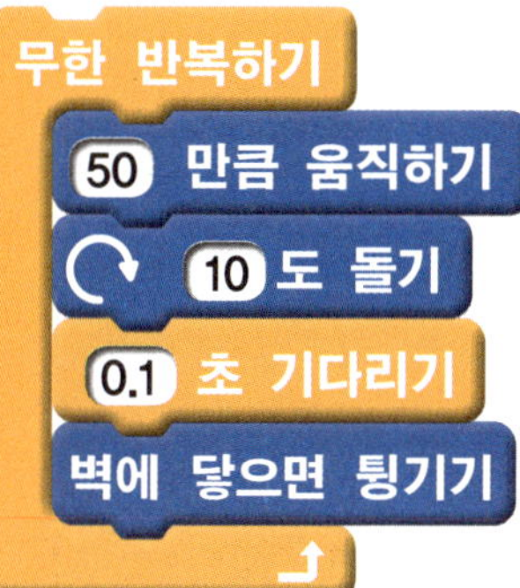

⓬ 이벤트 스크립트에 있는 [⚑ 클릭했을 때] 블록을 끌어다가 [무한 반복하기] 블록 위에 붙여 연결합니다. (왼쪽 페이지 그림 참조)

⓭ 프로젝트를 실행하면 고양이가 어떻게 움직이나요? [□초 기다리기] 블록의 숫자 값을 수정해서 고양이가 움직이는 속도를 바꿔보세요.

프로젝트 저장하고 복제하기

running cat 프로젝트가 잘 동작하는 것을 확인했나요? 아직 완성된 것은
아닙니다만 상상력의 나래를 더 펴기 전에 먼저 스크래치 프로젝트를 저장합니다.
어떤 문제가 일어나서 지금까지 작업한 것을 잃어버리기 전에 기억하기 좋은 적당한
이름을 붙여서 저장하는 습관을 들이는 것이 매우 중요합니다.

프로젝트 이름 바꾸기

프로젝트를 새로 시작하면 프로젝트의
이름은 'Untitled'로 되어 있습니다. '제목
없음'이란 뜻이죠. 이곳을 클릭하고
'running cat'라고 입력합니다. 그러면 바로
프로젝트의 이름이 바뀝니다. 아주 쉽죠?

프로젝트 저장하기

프로젝트를 저장하는 방법도 매우
간단합니다. 화면 오른쪽 위에 있는
[저장하기] 버튼을 클릭하면 됩니다.
그러면 [저장됨]으로 바뀌어 표시됩니다.

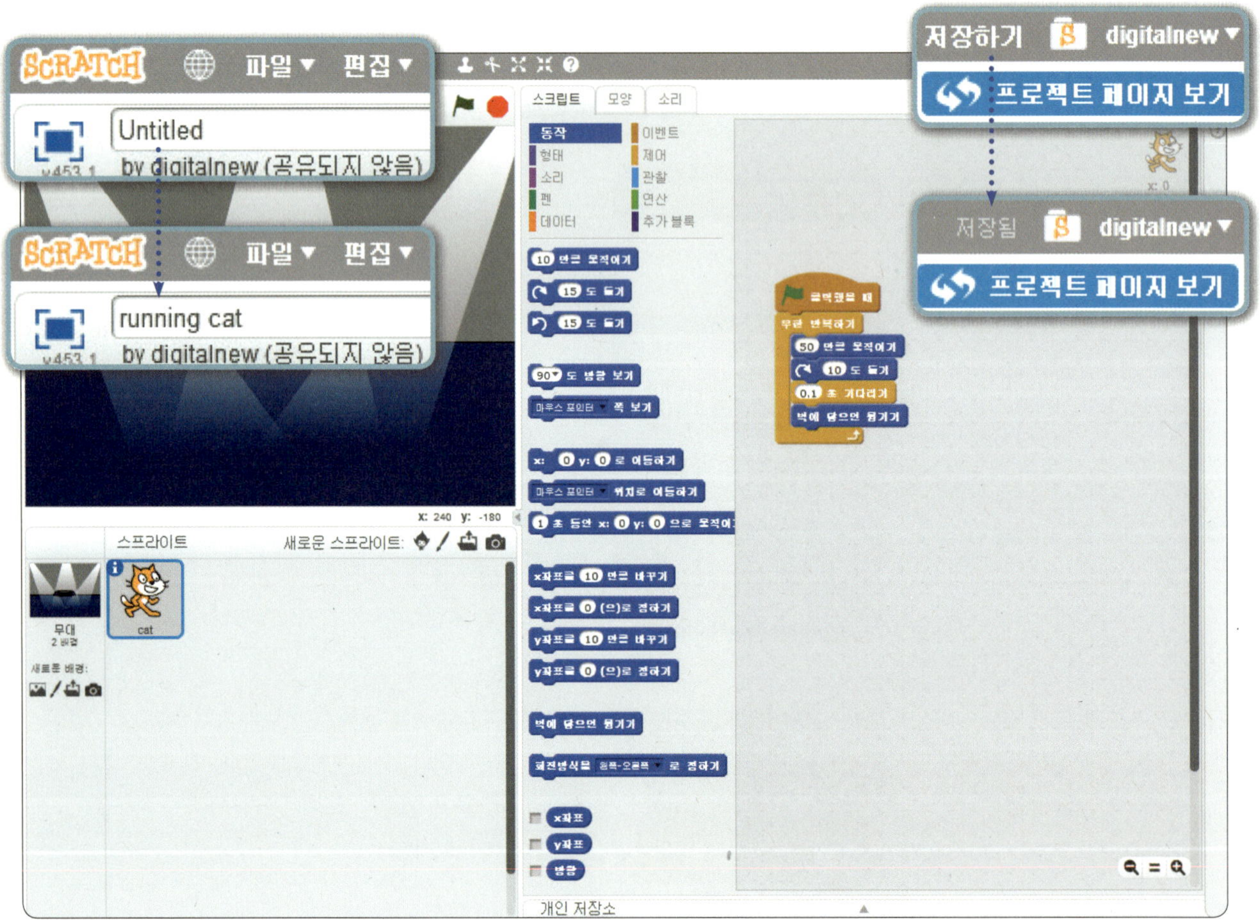

하나의 프로젝트를 만들다가 이 프로젝트는 그대로 두고 뭔가 조금 바꾼 다른 프로젝트를 만들어보고 싶을 때가 있습니다. 이럴 때는 프로젝트 복사본을 만듭니다. 파일 메뉴를 이용하여 복사본을 만들고 프로젝트 이름을 적당하게 지어주면 됩니다.

 온라인 에디터에서 프로젝트 이름을 바꾸고 저장하면 새로운 프로젝트가 생기는 것이 아니라 작업하던 프로젝트의 이름만 바뀝니다.

프로젝트 복사하고 이름 바꾸기

메뉴에서 파일>복사본 저장하기를 선택합니다. 그러면 작업하던 프로젝트 이름 뒤에 copy가 붙은 새로운 프로젝트가 만들어집니다.

이제 프로젝트 이름이 있는 칸을 클릭한 뒤에 새로운 프로젝트 이름을 입력하면 됩니다.

오프라인 에디터의 저장 방법

오프라인 에디터를 사용한다면 메뉴에서 파일>저장하기를 선택하여 프로젝트를 저장합니다. 프로젝트를 복제해서 별도로 작업하고 싶다면 메뉴에서 파일>다른 이름으로 저장하기를 선택합니다.

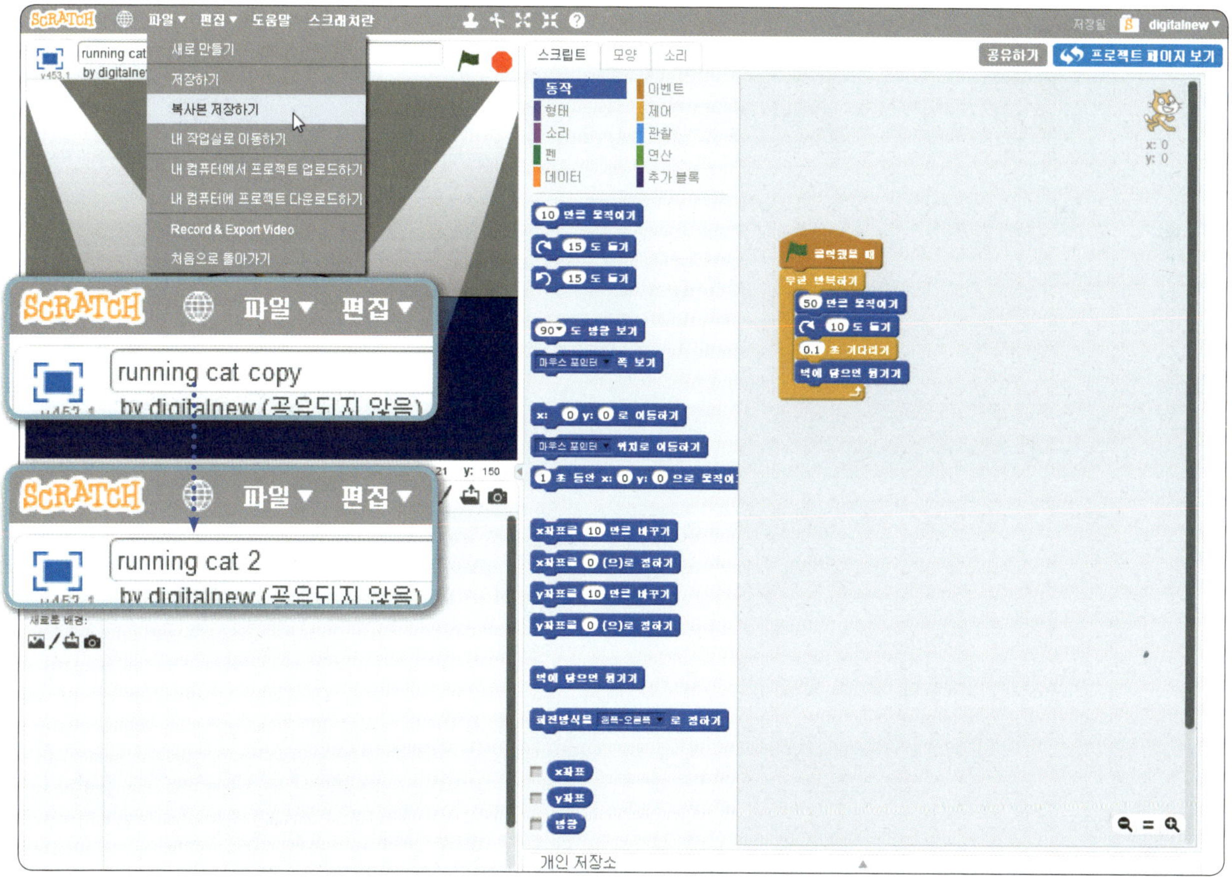

프로젝트 2.2

달리는 고양이 2   초기화 작업 추가하기

'running cat' 프로젝트를 실행해보면 프로젝트를 실행할 때마다 고양이의 처음
위치가 달라집니다. 이 문제를 해결하기 위해서는 프로젝트가 실행되면 가장 먼저
고양이의 처음 위치와 방향을 정해야 합니다. 이것을 초기화 작업이라고 합니다.
아래의 작업을 완료하고 'running cat 2'로 저장합니다.

아래의 스크립트들은 고양이
스프라이트를 원점 위치에 놓고
오른쪽 방향을 보도록 만듭니다.

① 고양이의 처음 위치와 방향을 정합니다.

- 스프라이트 특정 위치로 이동하기 (☞ 55쪽)
- 스프라이트 방향 바꾸기 (☞ 41쪽)

동작 스크립트 중에서 위의 두
블록을 끌어다가 [🏴 클릭했을 때]
블록 아래에 차례대로 삽입합니다.

② 고양이를 앞으로 50만큼 움직입니다.

③ 시계 방향으로 10도 회전합니다.

④ 0.1초 동안 기다립니다.

⑤ 고양이가 벽에 닿았으면 튕깁니다.

cat 스프라이트

⑥ 무한 반복

달리는 고양이 3   -리믹스

이번에는 'running cat 2' 프로젝트를 고쳐봅니다. 왼쪽 페이지의 프로젝트 2.2의
스크립트를 그대로 사용하되 아래와 같이 수치들만 바꿉니다.

고양이가 전진하는 거리, 회전하는 방향과 각도, 대기 시간을 조금씩 수정하면서
프로젝트를 실행해보세요. 이제 'running cat 3'라는 이름으로 저장합니다.

① 고양이의 처음 위치와 방향을 정합니다.

- 고양이 시작 위치 = (−190, 0)
- 고양이 시작 방향 = 90도(오른쪽)

② 고양이를 앞으로 70만큼 움직입니다.

③ 시계 방향으로 −20도 회전합니다.

④ 0.3초 동안 기다립니다.

⑤ 고양이가 벽에 닿았으면 튕깁니다.

⑥ 무한 반복

스크립트 블록들의 빈칸을
왼쪽의 순서도에 있는 값으로
입력해 보세요.

무대 위치 이해하기

스크래치의 무대는 아래 그림처럼 가로 방향으로 480개, 세로 방향으로 360개의
위치로 이루어져 있습니다. 480×360=172,800개나 되는 위치를 표시하기 위해
가로 방향의 숫자(x좌표)와 세로 방향의 숫자(y좌표)를 사용합니다.

x좌표와 y좌표

무대 위치는 '(x좌표, y좌표)'와 같이 표시합니다. 기준이 되는 위치는 정중앙인
(0,0)입니다. 오른쪽으로 갈수록 x좌표가 커지며, 왼쪽으로 갈수록 x좌표가
작아집니다. 위로 올라갈수록 y좌표가 커지며, 아래로 내려갈수록 y좌표가
작아집니다. 스프라이트의 현재 위치는 스크립트 영역의 오른쪽 위에 항상
표시됩니다.

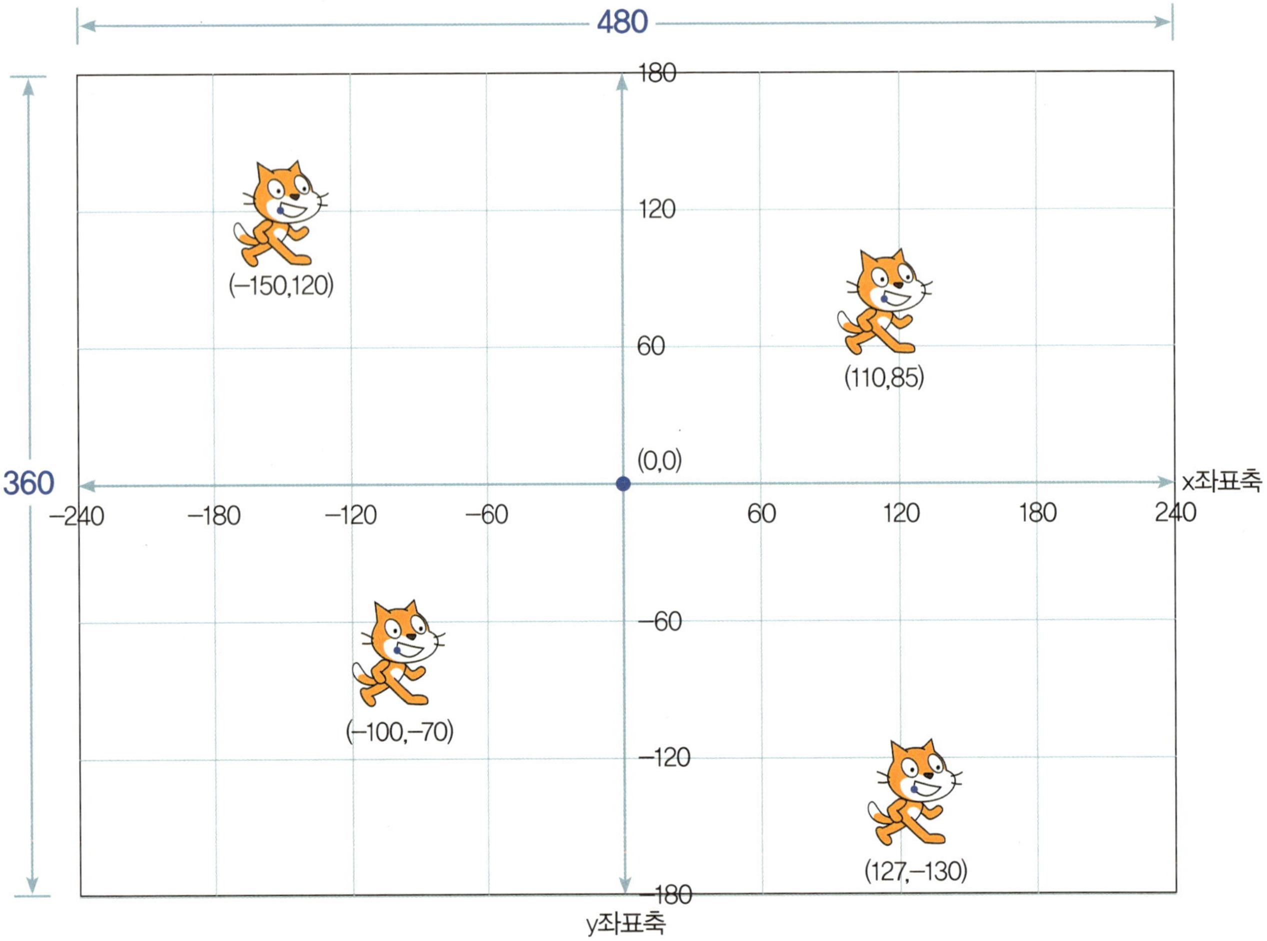

현재 위치를 기준으로 이동하기

[x좌표를 ◯만큼 바꾸기]와 [y좌표를 ◯만큼 바꾸기] 동작 스크립트를
사용하면 아래에서 보는 것처럼 스프라이트를 현재 위치를 기준으로 움직일
수 있습니다. 지정한 수치가 양수인가 음수인가에 따라서 움직이는 방향이
달라집니다.

특정 위치로 이동하기

xy좌표값을 이용하여 스프라이트를 특정한 위치로 이동시킬 수 있습니다. xy좌표를
모두 지정할 수도 있고, x 혹은 y좌표 하나만을 지정할 수도 있습니다.

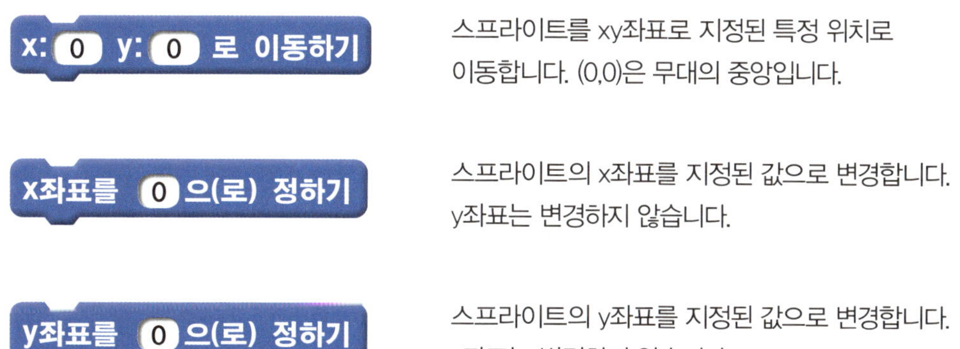

스프라이트를 xy좌표로 지정된 특정 위치로
이동합니다. (0,0)은 무대의 중앙입니다.

스프라이트의 x좌표를 지정된 값으로 변경합니다.
y좌표는 변경하지 않습니다.

스프라이트의 y좌표를 지정된 값으로 변경합니다.
x좌표는 변경하지 않습니다.

왕복하는 고양이

이번 프로젝트는 아래의 무대 그림과 같이 고양이가 무대의 왼쪽 끝에서 오른쪽
끝 사이를 왕복하도록 만드는 것입니다. 이때 고양이가 움직일 때마다 다른 모양을
보여서(cat 스프라이트의 모양 탭을 보면 2개의 모양이 있습니다) 마치 걷는
것처럼 보이도록 하는 것이 목표입니다. 오른쪽 페이지의 순서도를 참조하여
스크립트를 작성하고 'round trip cat'으로 저장하세요.

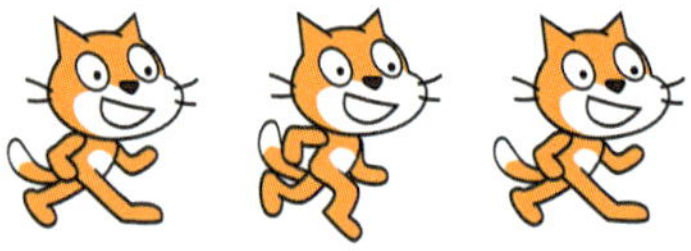

스프라이트를 다음 모양으로 바꾸기

스프라이트의 모양을 현재 모양의 다음 순서에 있는 모양으로
바꾸는 스크립트 명령은 형태 스크립트에 있는 [다음 모양으로
바꾸기] 블록입니다.

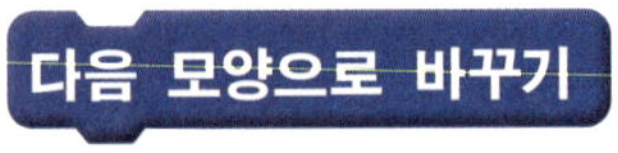

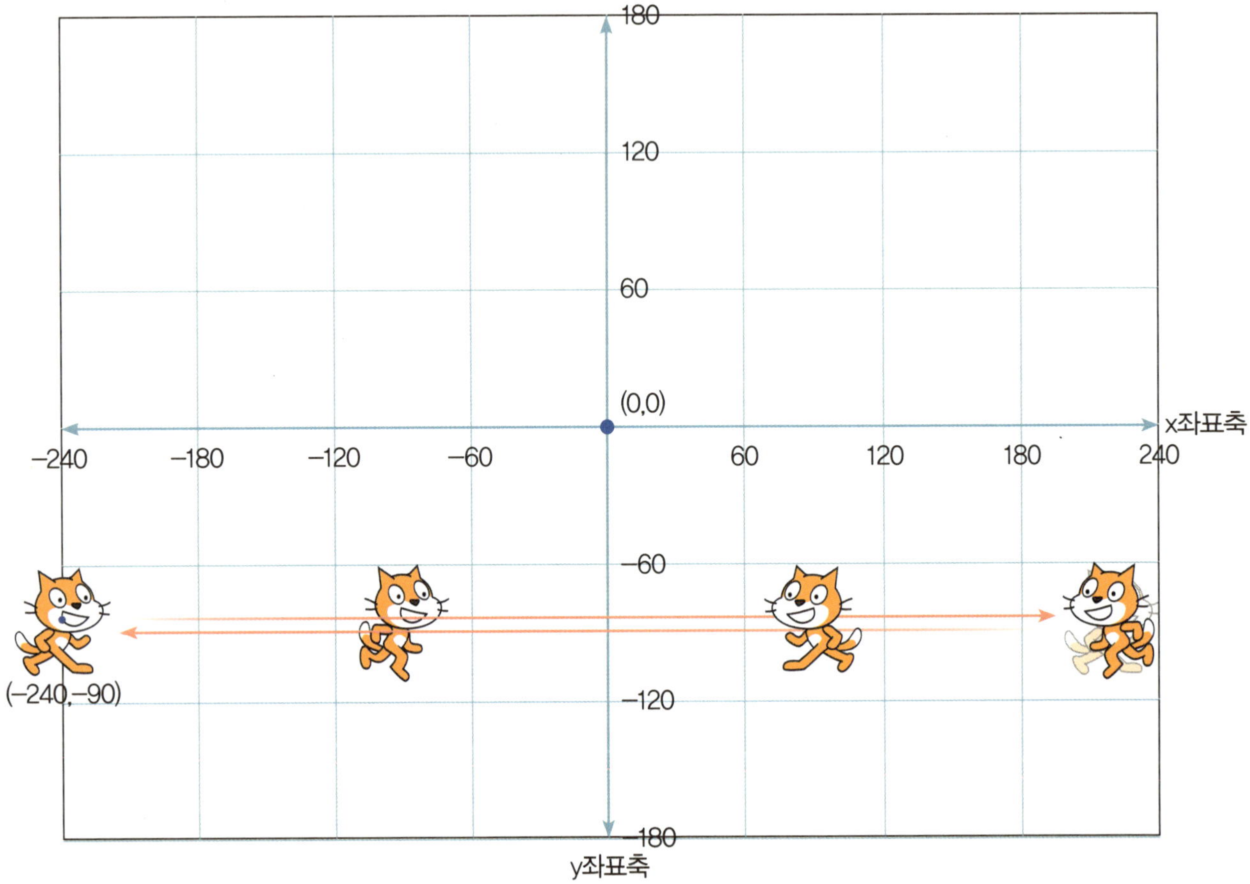

스프라이트가 좌우로만 회전하게 만들기

[벽에 닿으면 튕기기] 스크립트에 의해 고양이 스프라이트가 튕길 때 스프라이트의
모양이 좌우 방향으로만 바뀌게 하려면 스프라이트의 회전방식(☞ 41쪽)을
'왼쪽-오른쪽'으로 지정해야 합니다. 이 작업은 초기화 작업에 포함되어야 합니다.

① 고양이의 처음 위치와 방향, 회전방식을 정합니다.

- 고양이 시작 위치 = (–240,–90)
- 고양이 시작 방향 = 90도(오른쪽)
- 스프라이트 회전방식 = '왼쪽–오른쪽'

② 고양이를 앞으로 10만큼 움직입니다.

③ 0.1초 동안 기다립니다.

④ 다음 모양으로 바꿉니다.

⑤ 고양이가 벽에 닿았으면 튕깁니다.

⑥ 무한 반복

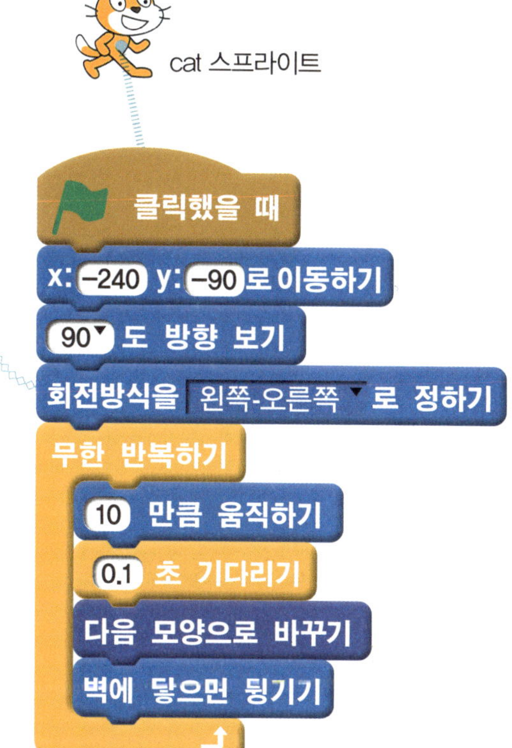

멀티 스크립트 고양이

'round trip cat' 프로젝트를 잘 살펴보면, 고양이의 이동 속도와 변신 속도를 따로 조정하기가 어렵습니다. 두 가지를 하나의 무한 반복하기 스크립트에서 결정하기 때문입니다. 해결책은 고양이를 움직이는 작업과 모양을 변화시키는 작업을 별도의 스크립트 블록에서 처리하는 것입니다.

① 고양이의 처음 위치와 방향, 회전방식을 정합니다.

- 고양이 시작 위치 = (−240,−90)
- 고양이 시작 방향 = 90도(오른쪽)
- 스프라이트 회전방식 = '왼쪽−오른쪽'

② 고양이를 앞으로 10만큼 움직입니다.

③ 0.1초 동안 기다립니다.

④ 다음 모양으로 바꿉니다.

⑤ 고양이가 벽에 닿았으면 팅깁니다.

⑥ 무한 반복

하나의 스크립트 블록에서 여러 가지 작업을 하면 간섭이 일어나서 복잡해질 수 있습니다.

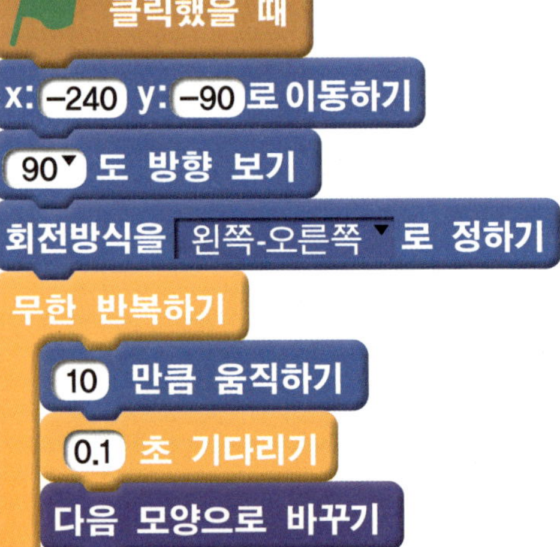

① 고양이의 처음 위치와 방향, 회전방식을 정합니다.

- 고양이 시작 위치 = (−240,−90)
- 고양이 시작 방향 = 90도(오른쪽)
- 스프라이트 회전방식 = '왼쪽−오른쪽'

② 고양이를 앞으로 10만큼 움직입니다.

③ 고양이가 벽에 닿았으면 튕깁니다.

④ 무한 반복

고양이가 이동하는 속도는 [□만큼 움직이기] 스크립트에 의해서만 결정됩니다.

독립적인 작업(스프라이트를 움직이는 것과 모양을 바꾸는 것)을 별도의 스크립트 블록에서 처리하면 서로 간섭받지 않기 때문에 좋습니다.

스프라이트는 여러 개의 스크립트 블록을 가질 수 있습니다.

① 0.1초 동안 기다립니다.

② 다음 모양으로 바꿉니다.

③ 무한 반복

고양이의 모양이 변화하는 속도는 [□초 기다리기] 스크립트에 의해서만 결정됩니다.

프로젝트 2.4   멀티 스크립트 고양이

멀티 스크립트 방식의 차이점을 확인하기 위하여 고양이 스프라이트를 하나 더
만들어서 여기에 멀티 스크립트를 적용하겠습니다. 프로젝트 2.3의 왕복하는
고양이 프로젝트가 완성된 시점에서 시작합니다.

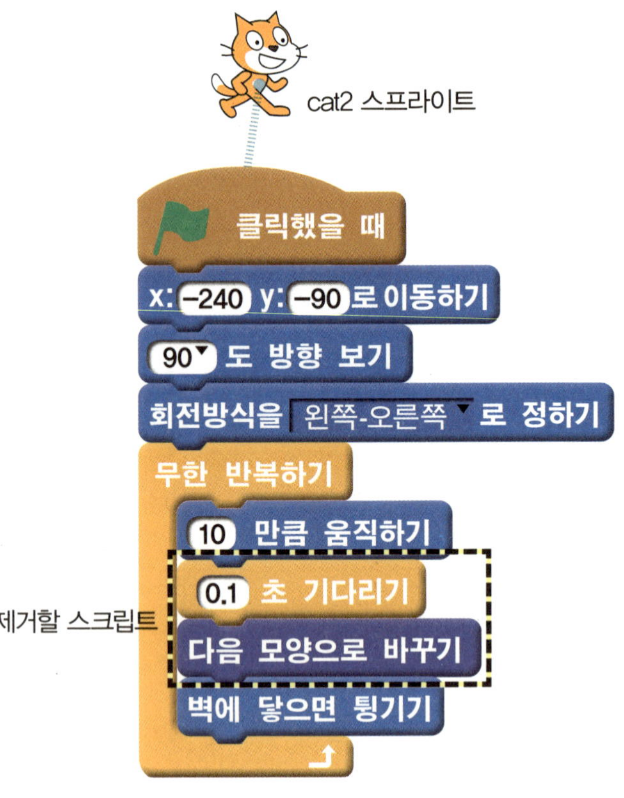

❶ 프로젝트 2.3 round trip cat 프로젝트를
   준비합니다.

❷ 스프라이트 아이콘을 〈Shift〉+클릭하거나
   우클릭하면 메뉴가 나오는데 여기에서 '복사'를
   선택하면 동일한 스프라이트가 만들어집니다.

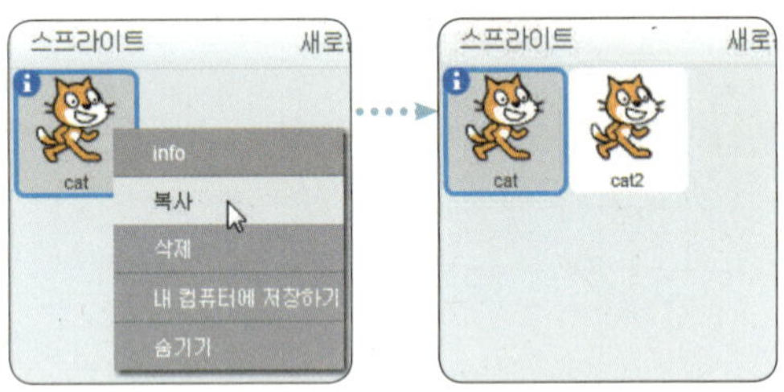

❸ 복제된 cat2 스프라이트를 클릭하여 선택한
   뒤에 스크립트 영역을 보면 cat 스프라이트의
   스크립트들이 그대로 복제되어 있음을 알 수
   있습니다.

❹ 마우스로 [0.1초 기다리기] 블록을 옆으로
   빼내면 3개의 블록이 한꺼번에 빠져 나옵니다.

❺ [벽에 닿으면 튕기기] 블록을 끌어서 [10만큼
   움직이기] 블록 아래에 끼워 넣습니다.

❻ [x:◻ y:◻로 이동하기] 블록의 y좌표 값을
   90으로 수정합니다. 그러면 오른쪽 페이지의
   화면처럼 같이 됩니다.

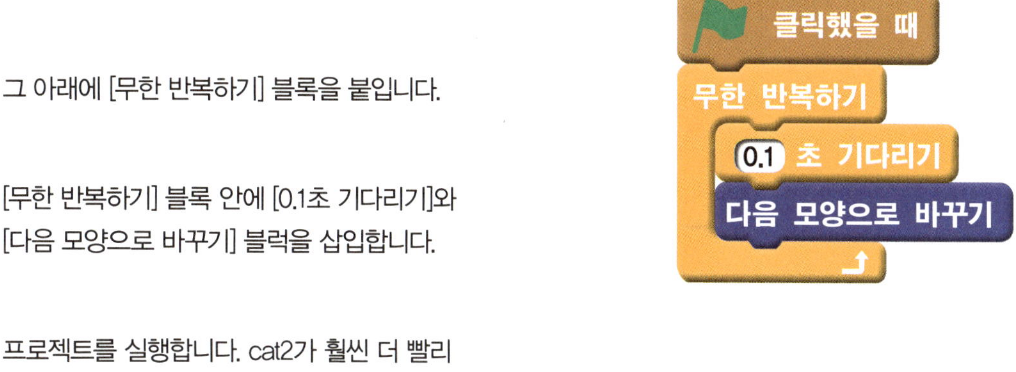

cat2 스프라이트

❼ 이제 오른쪽 그림과 같은 스크립트 블록을 별도로 만듭니다. 먼저 이벤트 스크립트에 있는 [🏳 클릭했을 때] 블록을 끌어다 놓습니다.

❽ 그 아래에 [무한 반복하기] 블록을 붙입니다.

❾ [무한 반복하기] 블록 안에 [0.1초 기다리기]와 [다음 모양으로 바꾸기] 블록을 삽입합니다.

❿ 프로젝트를 실행합니다. cat2가 훨씬 더 빨리 달릴 것입니다.

⓫ 이제 이 프로젝트를 'multi script cat'로 저장합니다.

훨씬 더 빨리 달리는 cat2가 cat과 비슷한 속도로 달리게 하려면 cat2의 [◻만큼 움직이기] 블록의 숫자를 몇으로 해야 할까요? 찾아보세요.

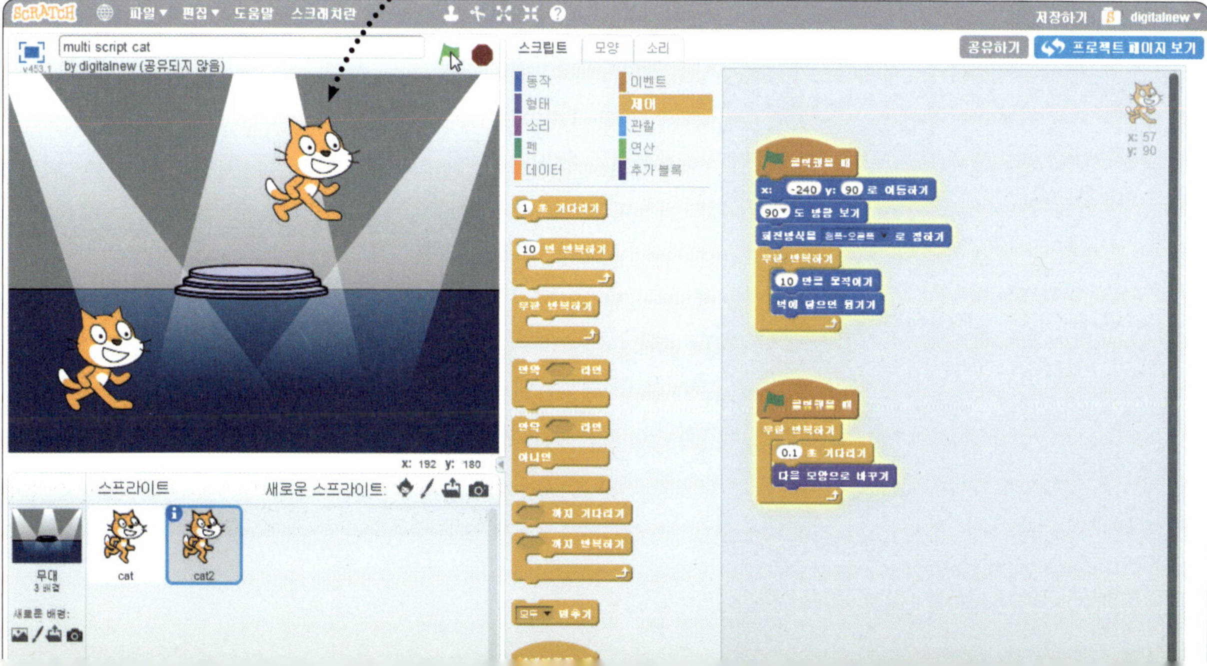

춤추는 힙합전사

이번 연습과제에서는 스프라이트의 모양을 다루는 새로운 스크립트들을
소개합니다. 우선 아래와 같이 배경 그림과 스프라이트를 준비합니다. 다음에는
오른쪽 페이지의 프로젝트 순서도를 참고하여 스크립트 블록을 조립합니다.

❶ 새 프로젝트를 시작합니다. 프로젝트의 이름을
'Hip-Hop dancer'로 고쳐줍니다.

❷ 고양이 스프라이트를 삭제합니다. 스프라이트
목록에 있는 고양이 스프라이트 아이콘을
〈Shift〉+클릭하거나 우클릭하면 메뉴가
나오는데 여기에서 '삭제'를 선택하면 됩니다.

❸ 스프라이트를 추가하기
위해서 [저장소에서
스프라이트 선택] 단추를
클릭합니다.

❹ 스프라이트 저장소 창이
나타나면 왼쪽에서 '사람들'
목록을 클릭합니다. 그러고
나서 오른쪽 화면에서 아래로
내려가 'LB Hip-Hop'을
찾습니다. 이것을 선택하고 오른쪽 아래 끝에
있는 '확인' 단추를 클릭합니다.

❺ LB Hip-Hop 스프라이트가 추가되고 그 모습이
무대에 나타날 것입니다. 모양 탭을 선택하여
13개의 춤추는 동작이 등록되어 있음을
확인합니다.

❻ 이제 배경 그림을
추가합니다. 무대 아이콘을
클릭하여 선택한 상태에서
[저장소에서 배경 선택]
단추를 클릭합니다.

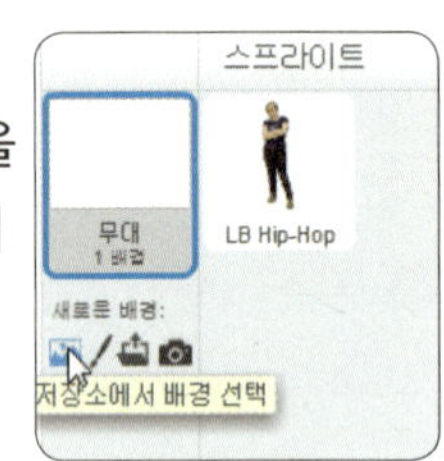

❼ 배경 저장소 창이 나타나면
왼쪽에서 '실내' 목록을
클릭하고, 오른쪽 화면에서
'spotlight-stage2'를 찾습니다.
이것을 선택하고 오른쪽 아래
끝에 있는 '확인' 단추를 클릭합니다.

❽ 이것으로 무대와 스프라이트가 준비되었습니다.

모양 크기 지정하기

스프라이트의 크기를 지정하는 형태 스크립트입니다. 50%를 지정하면 원래 크기의 반으로 줄어들고, 200%를 지정하면 두배가 됩니다.

크기를 50 %로 정하기

모양 지정하기

스프라이트의 모양을 특정 모양으로 지정하는 형태 스크립트입니다. 오른쪽에서 보는 것처럼 목록에서 선택하여 지정할 수 있습니다.

① LB의 처음 위치, 모양, 크기를 지정합니다.

- LB 모양 = lb stance
- LB 크기 = 50%
- LB 시작 위치 = (−10,60)

LB Hip-Hop 스프라이트

② 0.1초 동안 기다립니다.

③ 다음 모양으로 바꿉니다.

④ 무한 반복

연습과제 2.2   춤추는 힙합전사

LB Hip-Hop 스프라이트를 선택한 상태에서 아래와 같이 스크립트 블록을
조립합니다. 이제 프로젝트를 실행하면 스프라이트가 무대 위에서 춤추는 모습을
볼 수 있습니다.

❾ 이벤트 스크립트에서 [🏳 클릭했을 때] 블록을
끌어옵니다.

❿ 형태 스크립트에서 [모양을 ☐(으)로 바꾸기]
블록을 끌어다가 추가합니다. 삼각형 모양의
펼침 목록 단추를 클릭한 뒤에 첫 번째 항목인
'lb stance'를 선택합니다.

모양을 lb stance ▼ (으)로 바꾸기
  lb stance
  lb top stand
  lb top R leg
  lb top L leg
  lb top L cross
  lb top R cross
  lb pop front
  lb pop down
  lb pop left
  lb pop right
  lb pop L arm
  lb pop stand
  lb pop R arm

⓫ 형태 스크립트에서 [크기를 ☐%로 정하기]
블록을 끌어다가 추가합니다. 그리고 %값을
'50'으로 고칩니다.

크기를 50 %로 정하기

⓬ 동작 스크립트에 있는 [x:☐ y:☐로 이동하기]
블록을 추가하고 −10, 60을 입력합니다.

⓭ 제어 스크립트에 있는 [무한 반복하기] 블록을
끌어다가 추가합니다.

⓮ 제어 스크립트에 있는 [☐초 기다리기] 블록을
가져와 [무한 반복하기] 블록 안에 삽입합니다.
그리고 숫자를 '0.1'로 고칩니다.

⓯ 형태 스크립트에 있는 [다음 모양으로 바꾸기]
블록을 가져와 [0.1초 기다리기] 블록 아래에
삽입합니다.

LB Hip−Hop 스프라이트

🏳 클릭했을 때
모양을 lb stance ▼ (으)로 바꾸기
크기를 50 %로 정하기
x: −10 y: 60 로 이동하기
무한 반복하기
  0.1 초 기다리기
  다음 모양으로 바꾸기

LB Hip-Hop 스프라이트에는 dance celebrate라는 음악 파일이 포함되어
있습니다. 이것을 [□ 끝까지 재생하기] 블록을 이용하여 재생할 수 있죠. 반복하기
블록 안에서는 [□ 재생하기] 블록을 사용하면 음악을 끝까지 들을 수가 없습니다.

❶❻ 이제 별도의 스크립트 블록을 만듭니다.
이벤트 스크립트에서 [▶ 클릭했을 때] 블록을
끌어옵니다.

❶❼ 제어 스크립트에 있는 [무한 반복하기] 블록을
끌어다가 추가합니다.

❶❽ 소리 스크립트에서 [□ 끝까지 재생하기]
블록을 가져와 [무한 반복하기] 블록 안에
삽입합니다.

❶❾ 프로젝트를 실행합니다. 배경 음악이 연주되고
아래 그림처럼 스프라이트가 춤을 추는 모습을
볼 수 있을 것입니다.

LB Hip-Hop 스프라이트

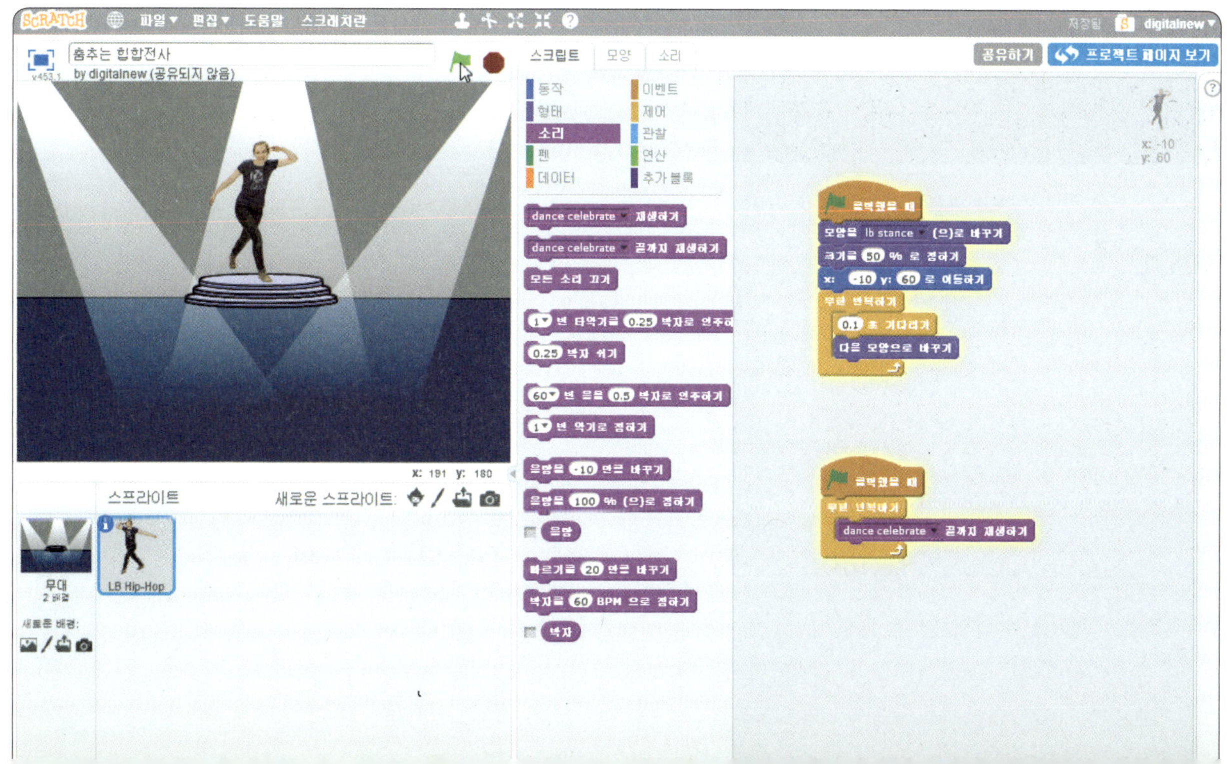

내 작업실과 스튜디오

오프라인 에디터를 사용하면 프로젝트를 내 마음대로 적당한 폴더에 저장할 수
있습니다. 하지만 온라인 에디터를 사용하는 경우에는 어떻게 해야 할까요? 저장한
프로젝트들은 '내 작업실'이라고 부르는 공간에 저장됩니다. 내 작업실 화면의
내용과 사용법은 아래의 그림들을 참고하세요.

내 작업실에 들어가기

스크래치 사이트에 로그인한 상태라면 언제라도 작업실로 이동할 수 있습니다.
작업실로 이동하는 방법은 아래의 두 방법 중 하나를 이용합니다.

메뉴에서 파일〉작업실로 이동하기를
선택합니다.

혹은

화면 오른쪽 위에 있는 버튼을
클릭해서 내 작업실 페이지로
이동합니다.

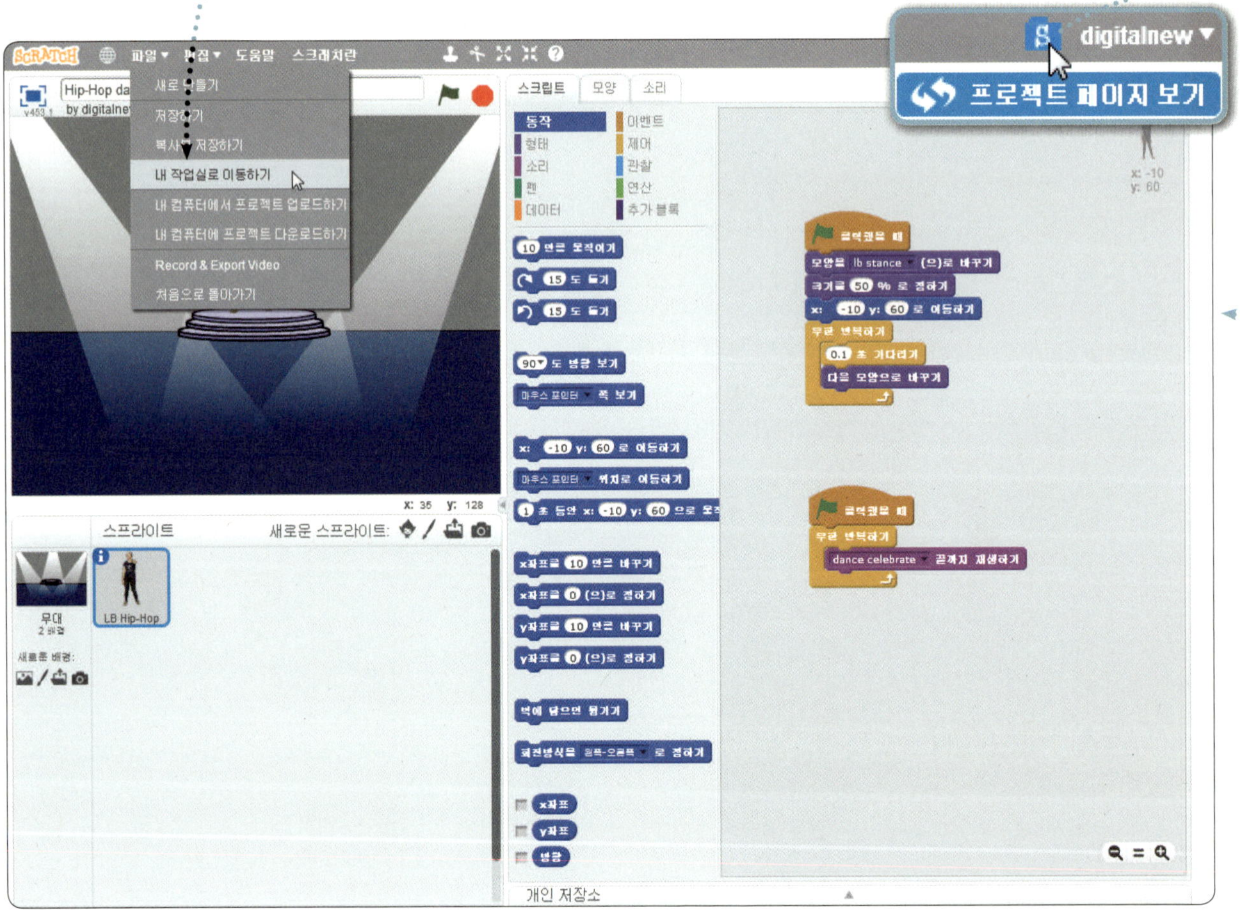

내 스튜디오

스튜디오는 프로젝트들을 모아둔 즐겨찾기입니다. 내가 만든 프로젝트 혹은
다른 사람이 만든 프로젝트를 내 스튜디오에 등록해두면 나중에 손쉽게 찾아서
실행하거나 스크립트를 살펴볼 수 있습니다. 공유된 프로젝트만 스튜디오에 추가할
수 있다는 점을 기억하세요.

'전체 프로젝트'를 선택하면
모든 프로젝트들이 나열되고,
'공유된 프로젝트'를 클릭하면
공유된 프로젝트들만
나열됩니다.

'내 작업실'은 스크래치
사이트에 로그인한 상태에서
만들어 저장한 모든
프로젝트들을 볼 수 있는
곳입니다.

'새 스튜디오' 단추를 클릭하면
새로운 스튜디오를 만들 수
있습니다.

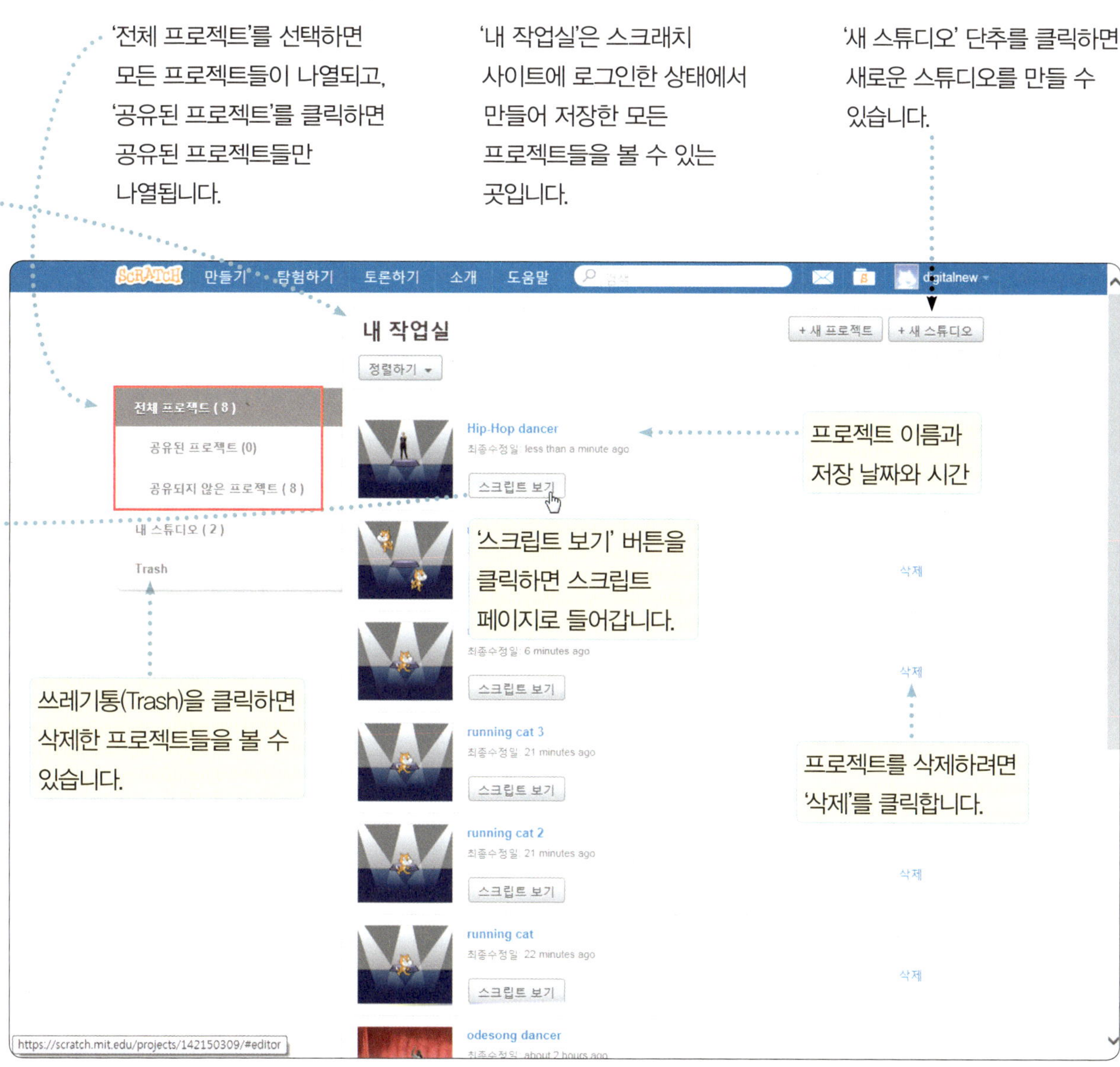

프로젝트 이름과
저장 날짜와 시간

'스크립트 보기' 버튼을
클릭하면 스크립트
페이지로 들어갑니다.

쓰레기통(Trash)을 클릭하면
삭제한 프로젝트들을 볼 수
있습니다.

프로젝트를 삭제하려면
'삭제'를 클릭합니다.

복습하기 2.2

스크래치 프로젝트 이해하기

스크래치 프로젝트를 저장하는 방법, 내 작업실 페이지, 무대 위치에 대해 복습합니다. 그리고 앞에서 배운 스크립트 프로젝트 만드는 방법을 다시 한번 복습합니다. 5번 문제는 하나의 스프라이트에 3개의 스크립트 블록을 만드는 프로젝트입니다.

❶ 스크래치 프로젝트를 저장하는 방법을 설명한 것 중 틀린 것은 무엇입니까?

① 메뉴에서 파일〉저장하기를 선택하면 현재 작업중인 스크래치 프로젝트가 저장됩니다.

② 화면의 왼쪽 위에 있는 프로젝트 이름을 바꾸면 그 이름의 새 프로젝트가 만들어집니다.

③ 화면 오른쪽 위에 있는 [저장하기] 버튼을 클릭하면 현재 작업중인 스크래치 프로젝트가 저장됩니다.

④ 메뉴에서 파일〉복사본 저장하기를 선택하면 기존의 이름 뒤에 copy가 붙은 이름의 프로젝트를 새로 만듭니다.

❷ 내 작업실 페이지에 대한 설명 중 맞는 것은 무엇입니까?

① 오프라인 에디터에도 내 작업실이 있습니다.

② 한번 공유한 프로젝트는 공유를 취소할 수 없습니다.

③ 스튜디오에는 공유한 프로젝트만 등록할 수 있습니다.

④ 내 작업실에는 1개의 스튜디오만 둘 수 있습니다.

❸ 무대 위치에 대한 설명 중 틀린 것은 무엇입니까?

① 무대 위치의 정중앙의 좌표는 (0,0)입니다.

② 무대 위치를 결정하는 두 요소는 x좌표와 y좌표입니다.

③ 무대 위에 스프라이트가 놓일 수 있는 위치는 480×360=172,800개나 됩니다.

④ 무대 위치는 아래로 내려갈수록 y좌표가 작아지며, 위로 올라갈수록 y좌표가 커집니다.

⑤ 무대 위치는 오른쪽으로 갈수록 x좌표가 작아지며, 왼쪽으로 갈수록 x좌표가 커집니다.

⑥ 동작 스크립트를 사용하면 스프라이트를 특정 무대 위치로 이동할 수 있습니다.

❹ 아래의 순서도를 보고 오른쪽 스크립트 블록의 빈칸의 값을
채워 넣으세요.

① 고양이의 처음 위치와 방향을 정합니다.

- 고양이 시작 위치 = (190, 0)

- 고양이 시작 방향 = 0도(위쪽)

② 고양이를 앞으로 10만큼 움직입니다.

③ 시계 방향으로 2도 회전합니다.

④ 0.1초 동안 기다립니다.

⑤ 고양이가 벽에 닿았으면 튕깁니다.

⑥ 무한 반복

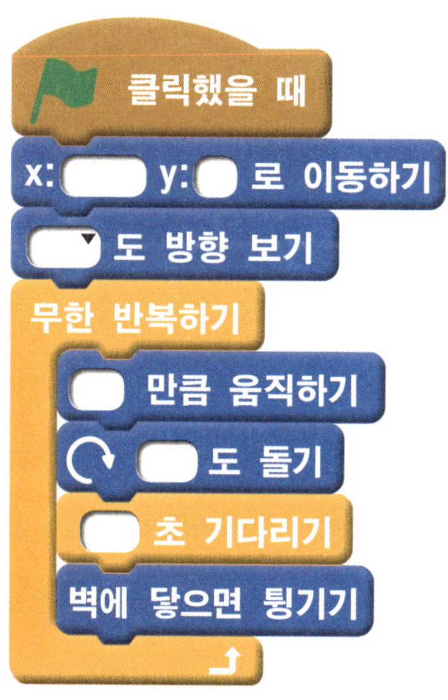

❺ 다음과 같이 스크래치 프로젝트를 만들어
'odesong dancer'로 저장하세요.

스프라이트: Anna Ode to Code   무대: 실내 목록의 stage1

① 스프라이트의 초기 위치와 방향

- 시작 위치 = (0,0)

- 시작 방향 = 90도(오른쪽)

- 회전방식 = '왼쪽–오른쪽'

② 앞으로 5만큼 움직입니다.

③ 벽에 닿았으면 튕깁니다.

④ 무한 반복

① 소리 파일
odesong–b를
끝까지 재생합니다.

② 무한 반복

① 스프라이트의 모양과 크기

- 모양 = anna01

- 크기 = 75%

② 0.1초 동안 기다립니다.

③ 다음 모양으로 바꿉니다.

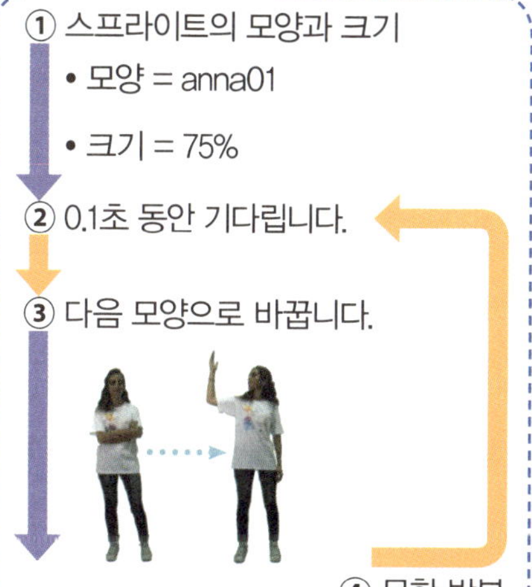

④ 무한 반복

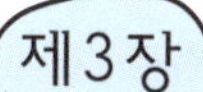

제3장
간단한 게임 프로젝트를 만들어요

이제 프로젝트다운 프로젝트를 만들어 보겠습니다. 이런 경우 가장 좋은 것이 게임이라고 생각합니다. 프로그래밍은 호기심과 재미가 있어야 쉽게 배울 수 있기 때문입니다.

간단한 게임이라도 만들기 위해서는 먼저 상상해야 합니다. 그냥 무조건 상상해서는 않되고 스크래치가 제공하는 여러 스크립트 블록들의 기능을 이해하고 그 기반 위에서 상상해야 합니다.

이 책에서는 실습 프로젝트를 설명하기 전에 먼저 그 프로젝트를 설계하는 과정을 두고 있습니다. 지금 단계에서는 문제를 하나 더 푸는 것이 중요한 게 아니라 상상을 하고 설계를 해서 스크립트 블록을 쌓아가는 과정이 중요하기 때문입니다.

술래잡기 게임 설계하기

본격적으로 그럴 듯한 게임 프로젝트를 만들어 보겠습니다. 프로그램을 만들 때는 코딩을 하기 전에 먼저 여러 가지를 생각하고 설계하는 것이 좋습니다.

우리가 만들 게임은 아주 간단합니다. 주인공인 불가사리가 문어로부터 멀리 도망가도록 하는 것입니다. 당연히 문어는 끈질기게 불가사리를 쫓아옵니다. 그러다가 문어가 불가사리에 닿게 되면 게임이 끝납니다.

◀ 배경 그림 1
술래잡기 게임의 무대에
사용될 배경 그림

배경 그림 2 ▶
게임이 실패했을 때
사용될 배경 그림

무대

악당 문어 스프라이트.
무조건 불가사리를
향해 달려갑니다.

▼ 스프라이트 2

▲ 스프라이트 1
주인공 불가사리
스프라이트. 무조건
마우스 포인터를 향해
달려갑니다.

◀ 스크립트 ▶
문어와 불가사리 스프라이트에
연결되는 스크립트 블록들.
문어는 불가사리, 불가사리는
마우스 포인터가 있는 위치로
쫓아가도록 만듭니다.

```
클릭했을 때
x: -200 y: -150 로 이동하기
무한 반복하기
    Starfish 쪽 보기
    3 만큼 움직이기
```

```
클릭했을 때
x: 220 y: 160 로 이동하기
무한 반복하기
    마우스 포인터 쪽 보기
    5 만큼 움직이기
```

스프라이트가 다른 스프라이트나 마우스 포인터에게 다가가게 하는 스크립트

① 스프라이트의 시작 위치를 정합니다.

② 스프라이트가 목표물이 있는 곳을 바라보게 합니다.

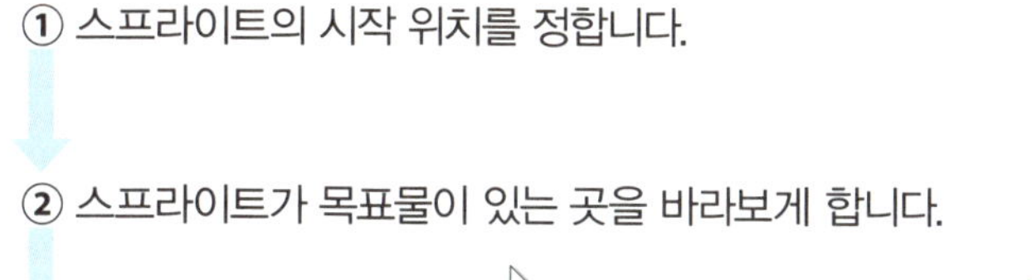

스프라이트가 다른 스프라이트를 쫓을 수 있는 것은 두 가지 스크립트, [□□□쪽 보기]와 [○만큼 움직이기] 스크립트 덕분입니다. 목표가 있는 곳으로 방향을 정하고 그 방향으로 전진하는 것이죠. 단, 스프라이트의 회전방식을 '회전하기'로 설정해 두어야 합니다.

③ 스프라이트를 현재 방향으로 움직입니다.

④ 무한 반복

스프라이트와 스프라이트가 닿았는지 확인하는 스크립트

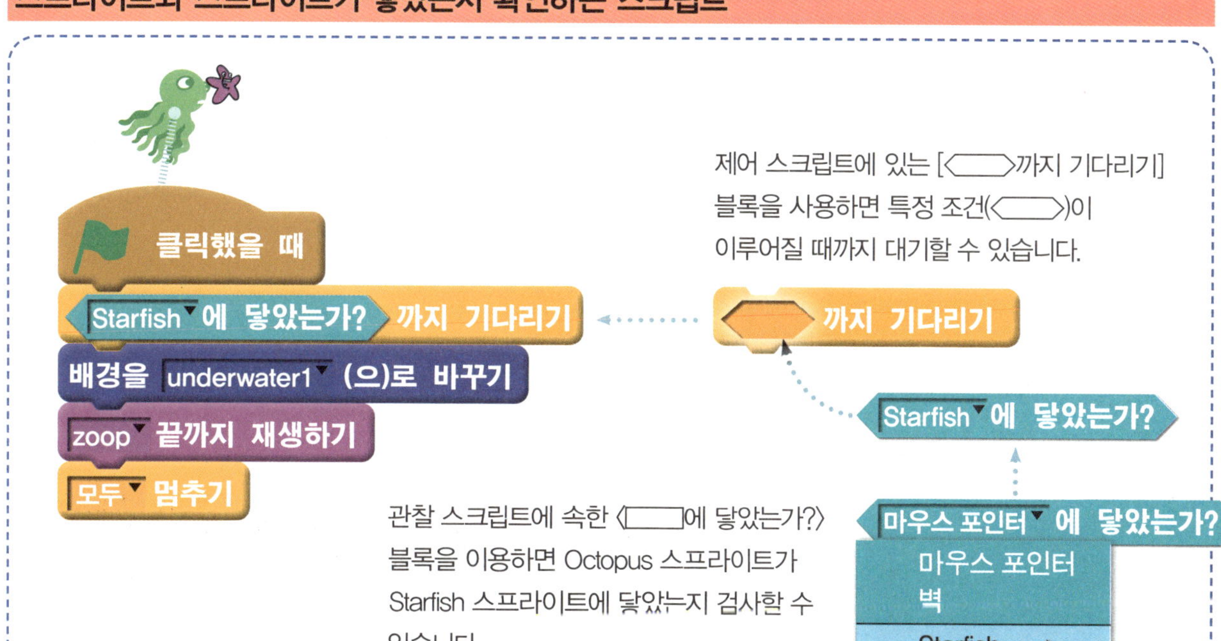

제어 스크립트에 있는 [◇까지 기다리기] 블록을 사용하면 특정 조건(◇)이 이루어질 때까지 대기할 수 있습니다.

관찰 스크립트에 속한 ⟨□에 닿았는가?⟩ 블록을 이용하면 Octopus 스프라이트가 Starfish 스프라이트에 닿았는지 검사할 수 있습니다.

바닷속 술래잡기 게임 프로젝트

앞에서 설계한 술래잡기 게임을 직접 만들어 봅니다. ① 배경 그림과 불가사리 스프라이트 준비, ② 불가사리 스크립트 작성, ③ 문어 스프라이트 준비, ④ 문어 스크립트 작성, ⑤ 게임 실패 처리 스크립트 작성의 순서대로 작업합니다.

① 배경 그림과 불가사리 스프라이트 준비하기

새로운 프로젝트를 만들고 배경 그림과 주인공 스프라이트를 삽입합니다. 배경 그림은 바닷속, 그에 어울리는 주인공은 여러분이 마우스로 조작하게 될 불가사리, Starfish입니다. 불가사리에 적용할 스크립트는 오른쪽 페이지와 같이 만듭니다.

❶ 새 프로젝트를 시작합니다. 프로젝트의 이름을 'hide and seek game'으로 고쳐줍니다.

❷ 스프라이트 목록에 있는 고양이 스프라이트를 삭제합니다.

❸ [저장소에서 스프라이트 선택] 단추를 클릭합니다.

❹ 스프라이트 저장소 창이 나타나면 왼쪽에서 '바다속' 주제를 클릭한 뒤에 화면 오른쪽에서 'Starfish'를 선택하고 확인 단추를 클릭합니다.

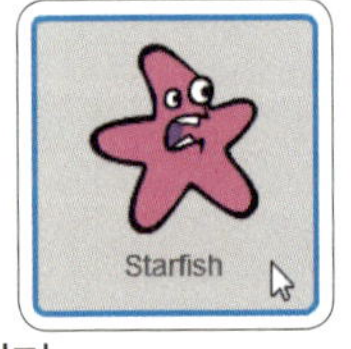

❺ 배경 그림을 추가합니다. 무대 아이콘을 클릭하여 선택한 상태에서 [저장소에서 배경 선택] 단추를 클릭합니다.

❻ 배경 저장소 창이 나타나면 왼쪽에서 '실외' 목록을 선택한 뒤에 오른쪽에서 'underwater1'을 선택하고 확인 단추를 클릭합니다.

❼ 같은 방법으로 배경 그림 'underwater2'도 추가합니다.

❽ 이것으로 무대와 스프라이트가 준비되었습니다.

① 불가사리의 위치와 회전방식, 크기를 정합니다.

- 불가사리 시작 위치 = (220,160)
- 스프라이트 회전방식 = '회전하기'
- 불가사리 크기 = 30%

② 불가사리가 마우스 포인터가 있는 곳을 바라보게 합니다.

③ 불가사리를 현재 방향으로 5만큼 움직입니다.

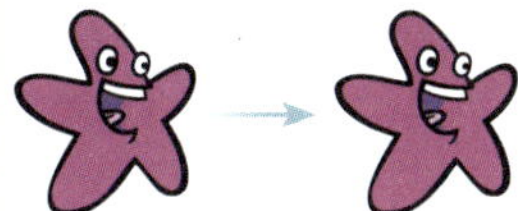

④ 무한 반복

불가사리가 이동하는 속도는 [○만큼 움직이기] 스크립트에 의해서 결정됩니다.

불가사리가 마우스 포인터를 향해 움직이게 하는 스크립트

불가사리 스프라이트에 2개의 스크립트 블록을 붙여줍입니다.

불가사리의 두 모양을 교대로 보여주는 스크립트

① 0.1초 동안 기다립니다.

② 다음 모양으로 바꿉니다.

③ 무한 반복

불가사리의 모양이 변화하는 속도는 [○초 기다리기] 스크립트에 의해서 결정됩니다.

2 불가사리를 움직이는 스크립트 작성하기

앞 페이지에서 설계한 대로 불가사리를 위한 2개의 스크립트 블록을
작성합니다. 불가사리는 마우스 포인터가 이끄는 대로 움직이기만 하면
되기 때문에 문어를 위한 스크립트 블록에 비해 간단한 편입니다.

❶ Starfish 스프라이트를 선택한 상태에서
   스크립트 탭을 클릭하여 선택합니다.

❷ 이벤트 스크립트에서 [🚩 클릭했을 때] 블록을
   끌어옵니다.

❸ 제어 스크립트에 있는 [무한 반복하기] 블록을
   끌어다가 추가합니다.

❹ 제어 스크립트에 있는 [◻초 기다리기] 블록을
   가져와 [무한 반복하기] 블록 안에 삽입합니다.
   그리고 숫자를 '0.1'로 고칩니다.

❺ 형태 스크립트의 [다음 모양으로 바꾸기]
   블록을 [0.1초 기다리기] 블록 아래에 넣습니다.

❻ 이제 별도의 스크립트 블록을 만듭니다.
   이벤트 스크립트에서 [🚩 클릭했을 때] 블록을
   끌어옵니다.

❼ 동작 스크립트에 있는 [x:◻ y:◻로 이동하기]
   블록을 추가하고 220, 160을 입력합니다.

❽ 동작 스크립트에 있는 [회전방식을 ◻◻◻◻
   로 정하기] 블록을 추가하고, 목록에서
   '회전하기'를 선택합니다.

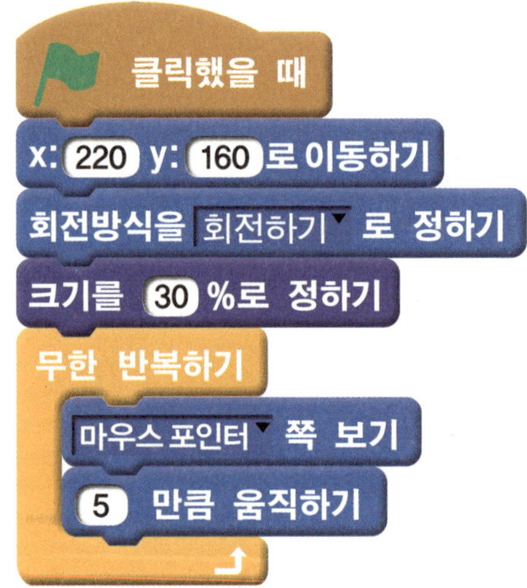

❾ 형태 스크립트에 있는 [크기를 ◯%로 정하기]
블록을 끌어다가 추가하고, 퍼센트 값을
'30'으로 고칩니다. 무대에서 불가사리가 마음껏
돌아다닐 수 있게 작게 만드는 것입니다.

❿ 제어 스크립트에 있는 [무한 반복하기] 블록을
끌어다가 추가합니다.

⓫ 동작 스크립트에 있는 [마우스포인터 쪽 보기]
블록을 가져와 [무한 반복하기] 블록 안에
삽입합니다.

⓬ 동작 스크립트에 있는 [◯만큼 움직이기]
블록을 끌어다가 [마우스포인터 쪽 보기] 블록
아래에 삽입하고, 숫자를 '5'로 고칩니다.

⓭ 🏳 버튼을 클릭해서 프로젝트를 실행합니다.
이제 무대 안에서 마우스 포인터를 움직이면
아래 그림에서 보는 것처럼 마우스 포인터가
있는 방향으로 불가사리가 쫓아올 것입니다.

3 문어 스프라이트 준비하기

불가사리를 추적하는 악당 역할의 문어 스프라이트를 추가하고 소리
파일을 추가합니다.

❶ [저장소에서 스프라이트
  선택] 단추를 클릭합니다.

❷ 스프라이트 저장소 창이
  나타나면 왼쪽에서 '바다속'
  주제를 클릭하고 오른쪽에서
  'Octopus'를 선택하고 확인
  단추를 클릭합니다.

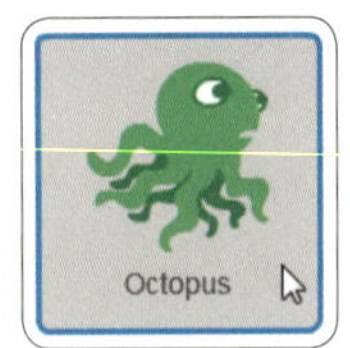

❸ Octopus 스프라이트가 추가되어 표시됩니다.

❹ Octopus 스프라이트를 선택한 상태에서 소리
  탭을 클릭하여 선택합니다.

❺ 현재 등록되어 있는 소리 파일을
  그 오른쪽 위에 있는 x 단추를
  클릭하여 삭제합니다.

❻ 문어가 불가사리를 잡았을 때
  사용할 소리 파일을 추가하기
  위해 [저장소에서 소리 선택]
  단추를 클릭합니다.

❼ 소리 저장소 창이 나타나면
  왼쪽에서 '효과' 목록을 선택한
  뒤에 오른쪽에서 'zoop'를 더블
  클릭합니다.

❽ zoop 소리 파일이 삽입되면 플레이 단추를
  클릭하여 쭙~ 하는 효과음을 확인합니다. 다른
  소리 파일을 추가해서 사용해도 됩니다.

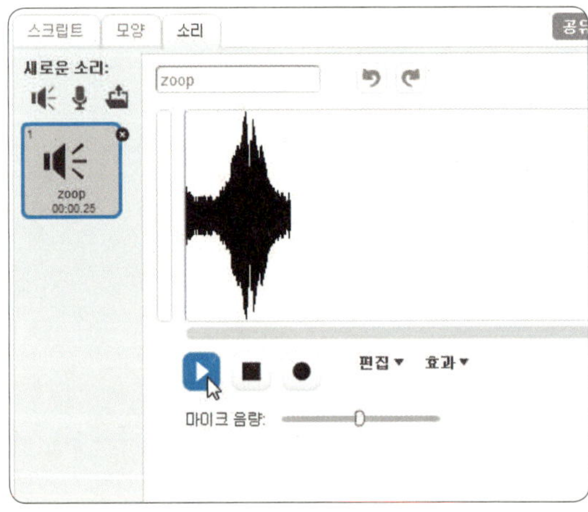

① 문어의 위치와 회전방식, 크기를 정합니다.

- 문어 시작 위치 = (−200,−150)

- 스프라이트 회전방식 = '회전하기'

- 문어 크기 = 50%

② 문어가 불가사리가 있는 곳을 바라보게 합니다.

③ 문어를 현재 방향으로 3만큼 움직입니다.

④ 무한 반복

문어가 이동하는 속도는 [□만큼 움직이기] 스크립트에 의해서 결정됩니다.

문어가 불가사리를 향해 움직이게 하는 스크립트

문어의 두 모양을 교대로 보여주는 스크립트

문어 스프라이트에 3개의 스크립트 블록을 붙여줍니다.

문어가 불가사리를 잡았을 때 실행되는 스크립트

① 문어가 불가사리와 닿을 때까지 기다립니다.

② 배경 화면을 어두침침한 것으로 바꿉니다.

③ 게임 종료를 알리는 소리 파일을 연주합니다.

④ 모든 스크립트의 실행을 중지시킵니다.

4 문어를 움직이는 스크립트 작성하기

문어를 움직이는 2개의 스크립트 블록을 작성합니다. 문어의 두
모양을 교대로 보여주는 스크립트와 문어가 불가사리를 쫓게 만드는
스크립트입니다.

❶ Octopus 스프라이트를 선택한 상태에서
   스크립트 탭을 클릭하여 선택합니다.

❷ 이벤트 스크립트에서 [🏴 클릭했을 때] 블록을
   끌어옵니다.

❸ 제어 스크립트에 있는 [무한 반복하기] 블록을
   끌어다가 추가합니다.

❹ 제어 스크립트에 있는 [□초 기다리기] 블록을
   가져와 [무한 반복하기] 블록 안에 삽입합니다.
   그리고 숫자를 '0.5'로 고칩니다.

❺ 형태 스크립트의 [다음 모양으로 바꾸기]
   블록을 [0.5초 기다리기] 블록 아래에 넣습니다.

❻ 이제 별도의 스크립트 블록을 만듭니다.
   이벤트 스크립트에서 [🏴 클릭했을 때] 블록을
   끌어옵니다.

❼ 동작 스크립트에 있는 [x:□ y:□로 이동하기]
   블록을 추가하고 −200, −150을 입력합니다.

❽ 동작 스크립트에 있는 [회전방식을 ▭
   로 정하기] 블록을 추가하고, 목록에서
   '회전하기'를 선택합니다.

❾ 형태 스크립트에 있는 [크기를 ⬭%로 정하기] 블록을 끌어다가 추가하고, 퍼센트 값을 '50'으로 고칩니다. 무대에 비하여 문어가 너무 크기 때문에 크기를 줄여주는 것입니다.

❿ 제어 스크립트에 있는 [무한 반복하기] 블록을 끌어다가 추가합니다.

⓫ 동작 스크립트에 있는 [⬜⬜⬜⬜ 쪽 보기] 블록을 가져와 [무한 반복하기] 블록 안에 삽입합니다. 그리고 목록에서 '마우스 포인터' 대신에 'Starfish'를 선택합니다.

⓬ 동작 스크립트에 있는 [⬜만큼 움직이기] 블록을 끌어다가 [Starfish 쪽 보기] 블록 아래에 삽입하고, 숫자를 '3'으로 고칩니다.

⓭ ⚑ 버튼을 클릭해서 프로젝트를 실행합니다. 이제 무대 안에서 마우스 포인터를 움직이면 아래 그림에서 보는 것처럼 불가사리가 마우스 포인터의 뒤를 쫓고, 문어는 불가사리를 쫓는 모습을 볼 수 있습니다.

프로젝트 3.1 바닷속 술래잡기 게임 프로젝트

5 게임 실패를 처리하는 스크립트 작성하기

문어가 불가사리를 따라잡아 닿았을 때, 즉 게임이 실패했을 때의 처리를
담당하는 스크립트 블록을 작성합니다.

❶ Octopus 스프라이트를 선택한 상태에서
  스크립트 탭을 클릭하여 선택합니다.

❷ 이벤트 스크립트에서 [⚑ 클릭했을 때] 블록을
  끌어옵니다.

❸ 형태 스크립트에서 [배경을 underwater2(으)로
  바꾸기] 블록을 끌어서 [⚑ 클릭했을 때] 블록
  아래에 추가합니다. 만약 다른 배경 그림이
  선택되어 있다면 'underwater2'를 선택합니다.

❹ 제어 스크립트에 있는 [◁──▷까지 기다리기]
  블록을 끌어다가 추가합니다.

❺ 관찰 스크립트에 있는 ⟨◁──▷에 닿았는가?⟩
  블록을 끌어다가 스크립트 영역의 빈곳에 따로
  놓습니다. 그리고 'Starfish'를 선택합니다.

❻ 이렇게 만든 ⟨Starfish에 닿았는가?⟩ 블록을
  [◁──▷까지 기다리기] 블록의 6각형 칸에
  집어넣습니다. 블록을 드래그하여 빈칸이
  하얗게 빛나게 되면 그때 마우스 단추에서
  손가락을 떼면 됩니다.

❼ 형태 스크립트에서 [배경을 underwater2(으)로 바꾸기] 블록을 끌어서 [🏳 클릭했을 때] 블록 아래에 추가합니다. 그리고 목록에서 'underwater1'을 선택합니다.

❽ 소리 스크립트에 있는 [zoop 끝까지 재생하기] 블록을 끌어다가 추가합니다. 현재 Octopus 스프라이트에 포함된 소리 파일이 zoop뿐이므로 기본적으로 zoop이 선택되어 있을 것입니다.

❾ 마지막으로 제어 스크립트에 있는 [모두 멈추기] 블록을 끌어다가 추가합니다. 만약 '이 스크립트'나 '스프라이트에 있는 다른 스크립트'와 같은 항목이 선택되어 있다면 '모두'를 선택해줍니다.

❿ 🏳 버튼을 클릭해서 프로젝트를 실행합니다. 문어가 쫓아오면 마우스 포인터를 움직여서 불가사리를 도망가게 합니다. 문어에게 잡혔을 때 아래 그림에서 보는 것처럼 어두운 배경 그림(underwater1)으로 바뀌고 쭙~하는 소리가 들리고 잠시 후에 모든 스프라이트들이 멈추는지 확인합니다.

참고하세요

조건이 될 때까지 기다리기

제어 스크립트에 있는 [◇까지 기다리기] 블록은 어떤 특정한 조건(◇)이 이루어질 때까지 아무 것도 하지 않고 기다리게 만드는 스크립트입니다.

이 스크립트는 ◇ 안에 무엇을 넣느냐에 따라서 매우 다양한 용도로 사용할 수 있습니다. 이번 게임에서는 스프라이트가 다른 스프라이트에 닿았는지 검사하는 용도로 사용되었죠. 조금 뒤에서 배울 변수를 이용하면 더욱 다양하게 활용할 수 있습니다.

변수 이해하기

스크래치에서 변수(variable)는 언제라도 변할 수 있는 숫자를 보관하고 있는
지갑이라고 할 수 있습니다. 본격적인 프로그램을 만들기 위해서는 변수를
이해하고 사용할 수 있어야 합니다.

일정한 값을 사용한 스크립트

지금까지 우리는 빈칸에 일정한 값을 입력한
동작 스크립트 블록만 사용하였습니다.
그런데 이것만으로는 복잡하고 다양한
움직임을 표현할 수 없습니다.

변수를 사용한 스크립트

스크래치는 아래에서 보는 것과 같이
동작 스크립트의 빈칸에 변수를 넣을
수 있습니다. 그러면 변수의 값에 따라서
움직이는 거리가 달라집니다.

변수 x가 '20'이면   변수 x가 '85'이면

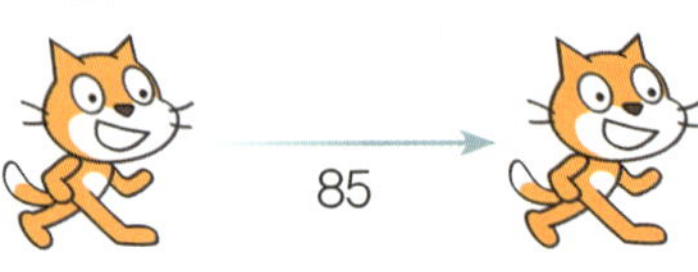

변수 x가 '15'이면   변수 x가 '−90'이면

변수 만들기

변수를 만드려면 [데이터] 분류에 있는
[변수 만들기] 단추를 클릭합니다. 그러면
'새로운 변수' 창이 나타나는데 여기에서
변수 이름을 입력하고 확인 단추를
클릭하면 됩니다. 변수 이름으로 한글, 숫자,
알파벳, 기호를 모두 쓸 수 있습니다.

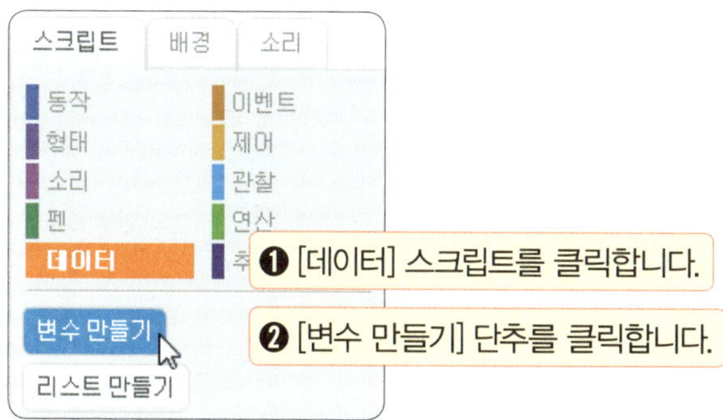

무대에서 변수를 만들 경우

❸ 변수 이름을 입력합니다.

❹ 확인 단추를 클릭합니다.

스프라이트에서 변수를 만들 경우

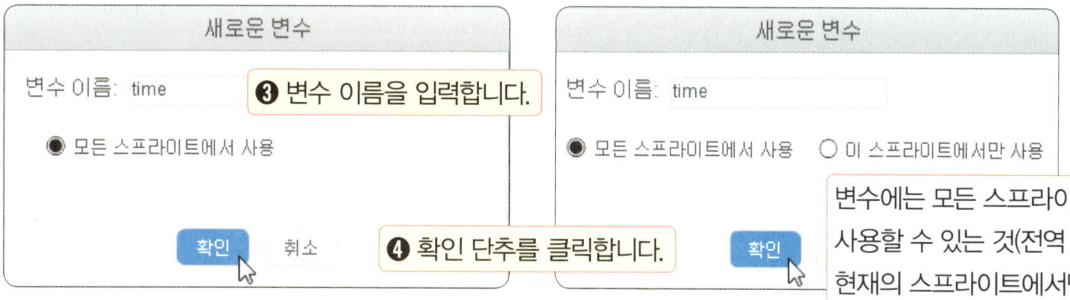

변수에는 모든 스프라이트에서
사용할 수 있는 것(전역 변수)과
현재의 스프라이트에서만 사용할 수
있는 것(지역 변수)이 있습니다.
'모든 스프라이트에서 사용'을
선택하면 모든 스프라이트의
스크립트에서 이 변수를 사용할
수 있게 됩니다. 반면에 '이
스프라이트에서만 사용'을 선택하면
다른 스프라이트나 배경 그림에서는
이 변수를 사용할 수 없습니다.

체크 표시가 되어 있으면
무대에 변수의 값이
표시됩니다. 게임에서
남아 있는 시간을 표시할
때 이 기능을 사용할 수
있습니다. [□ 변수
보이기] 데이터 스크립트를
실행해도 무대에 변수의
값이 표시됩니다.

❺ 새로 만든 변수를 다룰 수 있는
스크립트들이 나타납니다.

변수 지우기

이미 만든 변수를 지우고 싶다면 그 변수이름 스크립트를 우클릭 혹은 〈Shift〉+클릭해서 '변수 삭제'를 선택합니다.

변수 이름 바꾸기

변수의 이름을 바꾸고 싶다면 그 변수이름 스크립트를 우클릭 혹은 〈Shift〉+클릭해서 '변수 이름 수정하기'를 선택합니다. 그리고 새로운 이름을 입력하고 확인 단추를 클릭합니다.

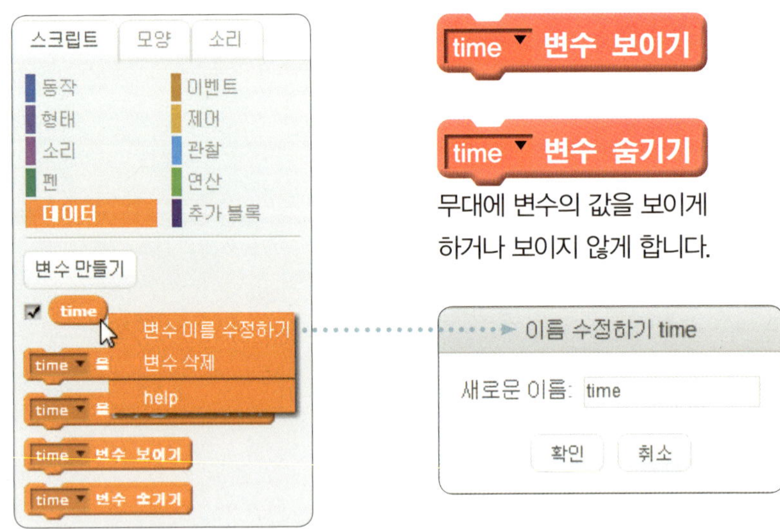

변수값 표시방식 바꾸기

변수이름 스크립트 왼쪽에 체크 표시가 되어 있으면 무대에 변수의 값이 나타납니다. 그런데 3가지 표시방식 중 하나를 선택할 수 있습니다.

- '변수이름-변수값 보기'를 선택하면 변수의 이름과 함께 변수의 값이 표시됩니다.
- '변수값 크게 보기'를 선택하면 변수의 값만 표시됩니다.
- '슬라이더 사용하기'를 선택하면 슬라이더로 변수의 값을 직접 조정할 수 있게 됩니다.

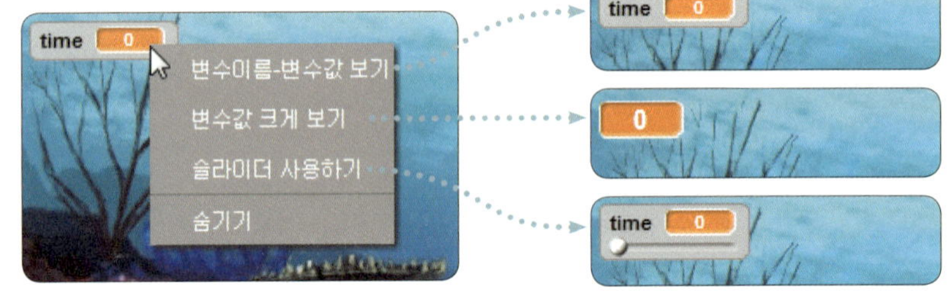

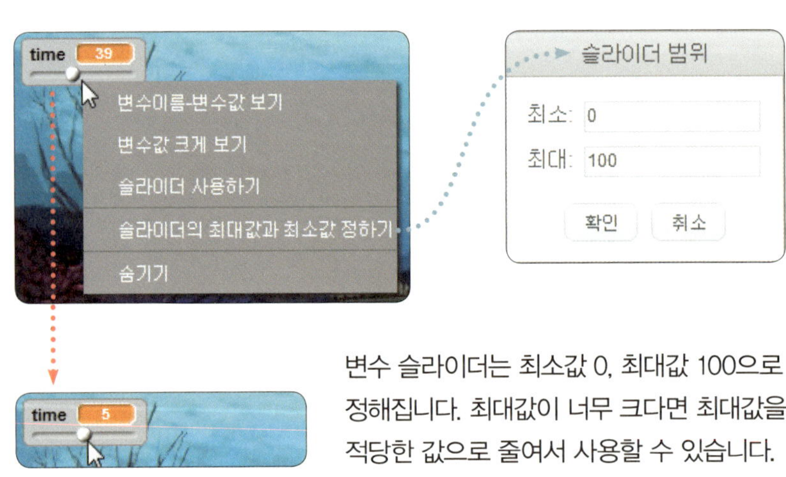

변수 슬라이더는 최소값 0, 최대값 100으로 정해집니다. 최대값이 너무 크다면 최대값을 적당한 값으로 줄여서 사용할 수 있습니다.

변수값 정하기 스크립트

변수의 값을 특정한 값으로 지정하고 싶다면 [□을(를) □로 정하기] 데이터 스크립트를 사용합니다.

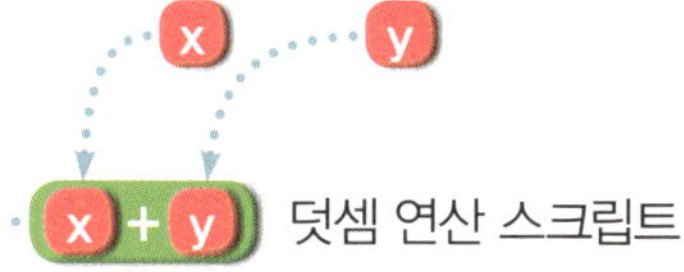

time 변수의 값을 0으로 지정합니다.

time 변수의 값을 '1시'로 지정합니다.

 **참고하세요**

변수의 종류

변수를 만들 때 변수가 보관하는 값의 특성을 정하고 그것을 반드시 지켜야 하는 프로그래밍 언어도 있고 그렇지 않은 언어도 있습니다.

스크래치 언어는 변수의 종류를 엄격하게 따지지 않습니다. 변수를 만들 때 변수의 종류를 선언할 필요도 없고, 만든 뒤에 숫자든 문자든 필요한 값을 넣으면 됩니다.

변수값 바꾸기 스크립트

변수의 값이 숫자인 경우 그것을 원하는 값만큼 바꾸고 싶다면 [□을(를) □만큼 바꾸기] 데이터 스크립트를 사용합니다. 만약 변수에 보관되어 있는 값이 문자일 때는 오류가 발생하여 변수의 값은 'NaN'이 됩니다.

아래에 보인 것처럼 변수값 바꾸기 스크립트의 숫자 칸에 변수이름 스크립트를 넣을 수 있습니다. 따라서 더욱 복잡한 프로그래밍이 가능합니다.

time 변수의 값을 1 증가시킵니다. time 변수의 값이 100이라면 time 변수의 새로운 값은 110이 됩니다. 1대신 −1을 입력하면 time 변수의 값은 9가 됩니다.

덧셈 연산 스크립트

time 변수의 값을 x 변수의 값만큼 변화시킵니다. 만약 time 변수에 10, x 변수에 5가 저장되어 있었다면 time 변수의 새로운 값은 15가 됩니다. time 변수에 10, x 변수에 −5가 저장되어 있었다면 time 변수의 새로운 값은 5입니다.

time 변수의 값을 x 변수의 값에 y 변수의 값을 더한 값(x+y)만큼 변화시킵니다. time 변수에 10, x 변수에 4, y 변수에 3이 저장되어 있었다면 time 변수의 새로운 값은 17이 됩니다. (10+4+3=17) 숫자 칸에 모든 연산 스크립트를 넣을 수 있습니다.

게임 시간 표시하기

앞에서 만든 술래잡기 게임은 흥미롭기는 하지만 한 가지 단점이 있습니다. 그것은 실패 조건(문어가 불가사리를 따라잡는 것)은 있지만 성공 조건은 없다는 점입니다. 따라서 일정한 시간 동안 도망다니면 성공한 것으로 평가하여 게임을 끝내고 간단한 보상을 주는 것으로 수정합니다. 그러기 위해서는 게임을 시작한 후 흐른 시간을 보관할 time 변수가 필요합니다.

경과시간을 기록하는 time 변수

10초동안 게임을 계속하면(문어로부터 도망가면) 게임에서 승리한다고 합시다. 그러면 지금 게임을 시작한 지 얼마나 되었는지 확인할 방법이 필요합니다.

　스크래치에서는 [□초 기다리기] 제어 스크립트를 사용하여 시간을 측정할 수 있습니다. 따라서 시간을 기록하는 변수를 만들어서 1초가 지날 때마다 그 사실을 변수에 기록하면 게임을 시작한 후 시간이 얼마나 흘렀는지 1초 단위로 알 수 있습니다. 그 변수를 알기 쉽게 time 변수라고 합시다.

변수의 값을 검사하는 연산 스크립트

우리가 알고 싶은 것은 게임을 시작한 지 10초가 지났는가 하는 것입니다. 처음에 time 변수에 10을 저장하고 1초에 1씩 빼간다면, 10초가 지나면 time 변수의 값은 0이 됩니다. 따라서 time 변수의 값이 0인지 검사하면 됩니다. 연산 스크립트 목록을 보면 변수의 값이 특정 값과 같은지 검사하는데 사용할 수 있는 ⟨□=□⟩ 연산 스크립트가 있습니다.

특정 조건이 될 때까지 반복하는 제어 스크립트

제어 스크립트에 있는 [⟨◇⟩까지 반복하기] 블록을 사용하면 조건 ⟨◇⟩가 이루어질 때까지 스크립트 블록들을 반복하여 실행할 수 있습니다.

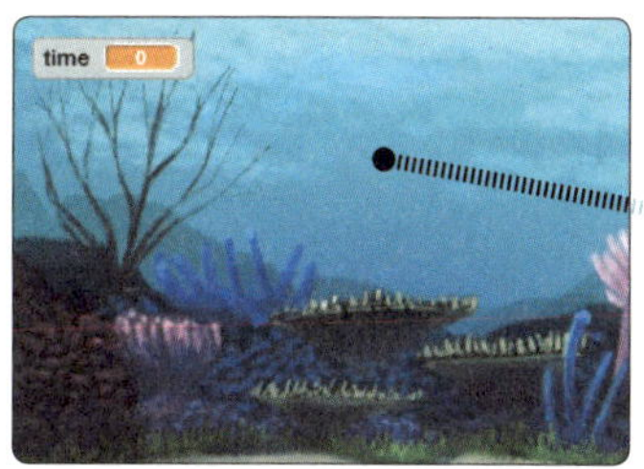

게임을 하는 사람이 얼마나 더
버티면 게임에서 이길 수 있는지
알아야 하므로 time 변수의
값을 화면에 표시해야 합니다.
그런데 스크래치는 이 기능을
제공하므로 그것을 이용합니다.

이 스크립트는 스프라이트를 제어하지
않으므로 배경 그림에서 작성합니다.

게임 승리 처리하기

게임이 시작되고 10초가 지날 때까지 불가사리가 문어에게 잡히지 않으면 게임에서
승리한 것입니다. 사용자가 승리했을 때 어떻게 해야 할까요? 여기에서는 즉시
문어의 움직임을 멈추고 축하 소리 파일을 재생하기로 합니다.
　　게임에 승리했을 때 즉시 문어의 움직임을 멈춰야 하기 때문에 이 스크립트
블록은 문어 스프라이트에서 작성하는 것이 좋습니다.

게임의 성공을 확인하는 방법

게임에 승리하는 조건은 불가사리가 잡히지 않은 상태에서
10초가 지나는 것입니다. 그때에는 time 변수의 값이 0이
됩니다. 따라서 time 변수의 값이 0이 되는지 계속 검사하는
방법이 필요한데, [◁▷까지 기다리기] 제어 스크립트 블록이
그 목적에 안성맞춤입니다.
　　검사 조건은 〈□=□〉 연산 스크립트를 이용하여
〈time=0〉으로 지정합니다.

문어의 움직임을 멈추는 방법

사용자가 승리했을 때 문어가 즉시 동작을 멈추어야 게임에
승리한 기분을 느낄 수 있습니다. 반면에 불가사리는 계속
자유롭게 움직일 수 있어야 하겠죠.
　　이런 용도로 딱 맞는 것이 바로 [스프라이트에 있는 다른
스크립트 멈추기] 제어 스크립트 블록입니다. 이 스크립트를
문어 스프라이트에서 실행하면 문어의 다른 스크립트 블록들은
멈추지만 불가사리의 스크립트 블록들은 멈추지 않습니다.

축하 소리 파일 재생하기

문어의 움직임을 멈추게 한 뒤에 축하하는 음악이나 소리를
재생하면 게임에 승리한 기분을 만끽할 수 있을 것입니다.
[□ 재생하기] 소리 스크립트를 사용하면 됩니다.

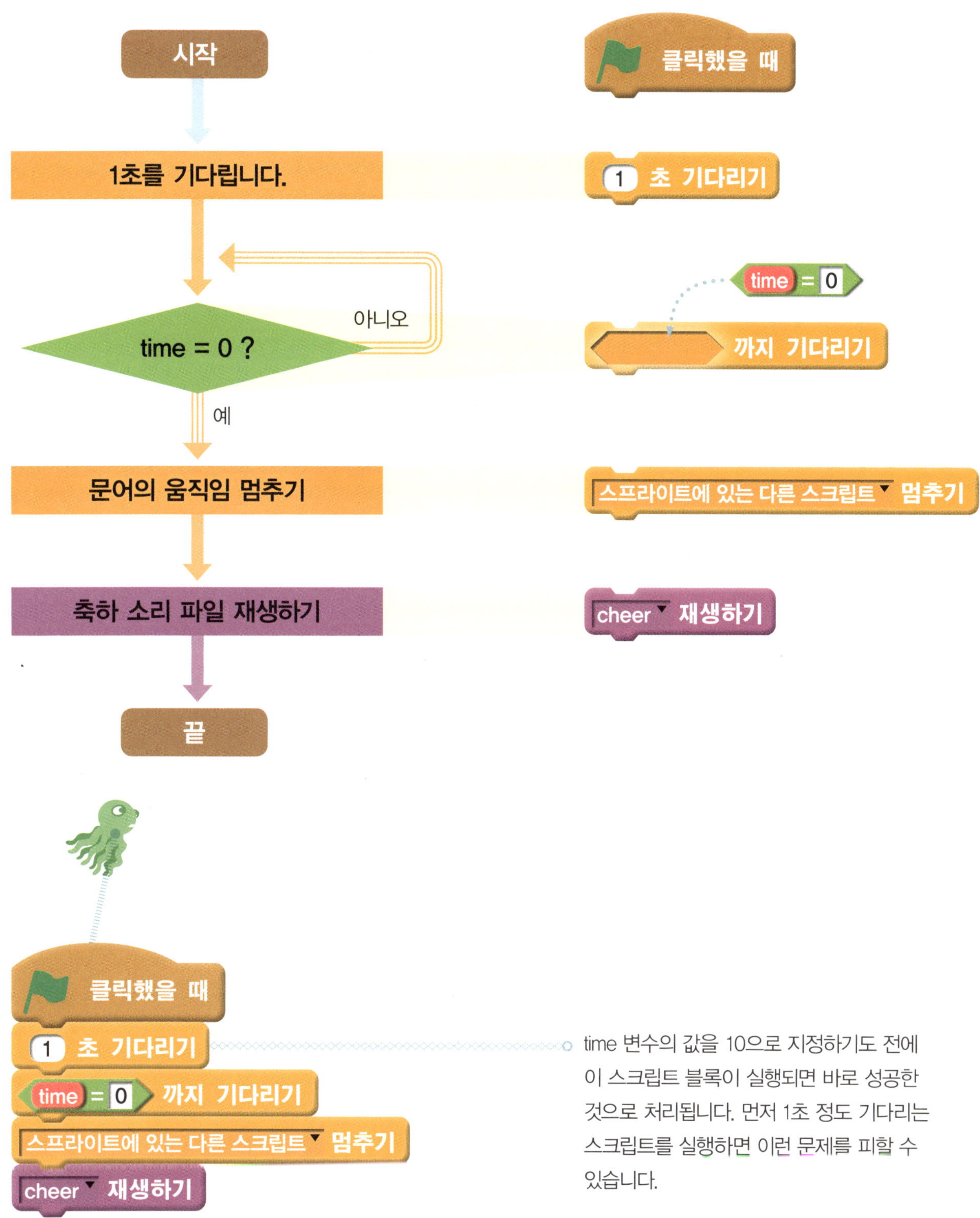

time 변수의 값을 10으로 지정하기도 전에 이 스크립트 블록이 실행되면 바로 성공한 것으로 처리됩니다. 먼저 1초 정도 기다리는 스크립트를 실행하면 이런 문제를 피할 수 있습니다.

바닷속 술래잡기 게임2 프로젝트

술래잡기 게임 프로젝트를 리믹스하여 조금 더 그럴듯한 술래잡기2 게임으로
업그레이드합니다. ① time 변수 만들기, ② 시간 카운트 스크립트 작성, ③ 축하
소리 파일 추가, ④ 게임 승리 스크립트 작성의 순서대로 작업합니다.

① time 변수 만들기

게임 승리까지 남은 시간을 체크하기 위해서 time 변수를 다음과 같이
만들고, 그 값이 무대 화면에 표시되도록 만듭니다.

❶ 메뉴에서 파일>복사본 저장하기를 선택하고
프로젝트 이름을 'hide and seek game 2'로
바꿉니다.

❷ 무대 그림을 선택한 상태에서 스크립트 탭을
선택합니다.

❸ 데이터 스크립트를 선택하고, 그 아래에
나타나는 [변수 만들기] 단추를 클릭합니다.

❹ 새로운 변수 창이 나타나면 변수 이름 칸에
'time'을 입력하고 확인 단추를 클릭합니다.

❺ 변수 스크립트들이 만들어져 표시됩니다. time
변수 스크립트 왼쪽의 체크가 표시되어 있지
않으면 클릭하여 표시되도록 합니다.

time 변수 왼쪽의
사각형을 체크하면
무대 화면에 변수값이
표시됩니다.

2 시간을 재는 스크립트 작성하기

이제 화면에 표시된 time 변수의 값을 10에서 0까지 줄이는 스크립트
블록을 작성할 차례입니다. 반드시 배경 그림을 선택한 상태에서
스크립트를 작성해야 합니다.

❶ 배경 그림을 선택한 상태에서 스크립트 탭을
   클릭하여 선택합니다.

❷ 이벤트 스크립트에서 [🏳 클릭했을 때] 블록을
   끌어옵니다.

❸ 데이터 스크립트에서 [time을(를) ☐로 정하기]
   블록을 끌어다가 [🏳 클릭했을 때] 블록 아래에
   추가합니다. 그리고 숫자를 time 변수의 초기값
   10으로 고칩니다.

❹ 제어 스크립트에서 [＜▭＞까지 반복하기]
   블록을 가져와 추가합니다.

❺ 연산 스크립트에서 〈☐ = ☐〉 블록을 끌어다가
   [＜▭＞까지 반복하기] 블록의 육각형 빈칸
   안에 넣습니다.

❻ 첫 번째 빈칸에 time 변수 블록을 넣고, 두 번째
   빈칸에 '0'을 입력합니다.

❼ 제어 스크립트에서 [☐초 기다리기] 블록을
   끌어다가 삽입하고 빈칸에 '1'을 입력합니다.

❽ 데이터 스크립트에서 [time을(를) ☐만큼
   바꾸기] 블록을 끌어다가 삽입하고 빈칸에
   '-1'을 입력합니다.

❾ 이제 프로젝트를 실행해서 아래 그림처럼 무대 화면에 표시된 time 변수의 값이 10에서 0까지 줄어드는지 확인합니다. 그러기 위해서는 10초가 되기 전까지 불가사리가 문어에게 잡히지 않도록 마우스 포인터를 열심히 움직여야 합니다.

3 축하 소리 파일 추가하기

게임 승리를 처리하는 스크립트에서 사용할 축하 소리 파일을 추가합니다. 게임 승리 스크립트를 문어 스프라이트에 추가할 것이므로 소리 파일도 문어 스프라이트에서 추가해야 합니다.

❶ 문어 스프라이트를 선택한 상태에서 소리 탭을 클릭하여 선택합니다.

❷ 소리 파일을 추가하기 위해 [저장소에서 소리 선택] 단추를 클릭합니다.

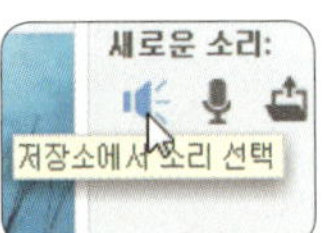

❸ 소리 저장소 창이 나타나면 왼쪽에서 '인간' 목록을 선택한 뒤에 두 번째 'cheer'를 더블 클릭합니다.

❹ cheer 소리 파일이 삽입되면 플레이 단추를 클릭하여 사람들이 환호하는 효과음을 확인합니다. 다른 소리 파일을 추가해서 사용해도 됩니다

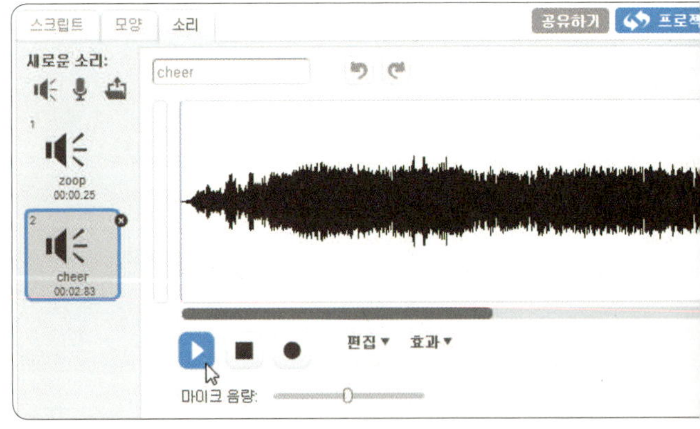

4 게임 승리 스크립트 작성하기

마지막으로 게임에 승리한 경우를 처리하는 스크립트 블록을 문어
스프라이트에서 작성합니다. 이 스크립트 블록을 배경 그림에서
작성하면 문어 스프라이트의 움직임만 중지시킬 방법이 없습니다.

❶ 문어 스프라이트를 선택한 상태에서 스크립트
   탭을 선택한 것인지 확인합니다.

❷ 이벤트 스크립트에서 [🏴 클릭했을 때] 블록을
   끌어옵니다.

❸ 제어 스크립트에서 [☐초 기다리기] 블록을
   끌어다가 삽입하고 숫자 칸에 '1'을 입력합니다.

❹ 제어 스크립트에서 [◁＿＿▷까지 기다리기]
   블록을 가져와 추가합니다.

❺ 연산 스크립트에서 ◁☐ = ☐▷ 블록을 끌어다가
   [◁＿＿▷까지 기다리기] 블록의 육각형 칸에
   넣습니다.

❻ 첫 번째 빈칸에 time 변수 블록을 넣고, 두 번째
   빈칸에 '0'을 입력합니다.

❼ 제어 스크립트에서 [☐ 멈추기] 블록을
   끌어다가 추가하고 '스프라이트에 있는 다른
   스크립트'를 선택합니다.

❽ 소리 스크립트에서 [☐ 재생하기] 블록을
   끌어다가 추가하고 cheer가 선택되어 있지
   않으면 선택합니다.

❾ 이제 프로젝트를 실행해서 아래 그림처럼 10초가 지날 때까지
불가사리가 문어에게 잡히지 않도록 마우스 포인터를 움직입니다.
게임 승리 처리가 제대로 되었다면, time 변수의 값이 0이 되는
순간에 문어 스프라이트가 동작을 멈추고 사람들의 환호성
소리가 들릴 것입니다.

 # 우주 술래잡기 게임 

scratch.mit.edu/projects/142430345

앞에서 만들어본 '바닷속 술래잡기 게임2'를 다른 배경 그림과 스프라이트로 만들어봅시다. 아래와 같이 배경 그림은 moon과 stars, 스프라이트는 Ghost2와 Cat1 flying을 선택하고 스크립트 블록들을 그대로 만듭니다. 그리고 space hide and seek라는 이름으로 저장합니다.

◀ 배경 그림 1
우주 술래잡기 게임의
무대에 사용될 배경 그림.
'우주' 주제의 moon.

배경 그림 2 ▶
게임이 실패했을 때
사용될 배경 그림.
'우주' 주제의 stars.

무대

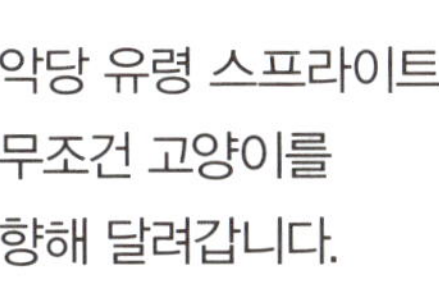

악당 유령 스프라이트.
무조건 고양이를
향해 달려갑니다.

▼ 스프라이트 2

▲ 스프라이트 1
주인공 고양이
스프라이트. 무조건
마우스 포인터를 향해
달려갑니다.

'동물' 주제의 Cat1
Flying 스프라이트.
크기는 40%로
지정합니다.

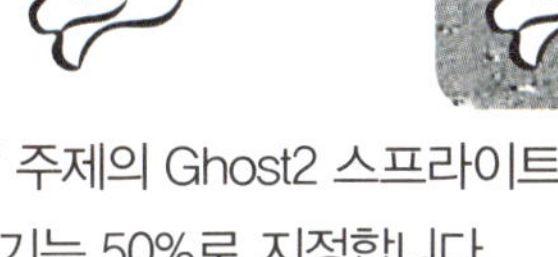

'성' 주제의 Ghost2 스프라이트.
크기는 50%로 지정합니다.

배경 효과음 추가하기
배경 그림에 whoop 소리 파일(전자음 목록)을 추가하고, 오른쪽과 같은 스크립트 블록을 추가합니다. 그러면 게임이 진행되는 동안 whoop 소리 파일을 배경 효과음으로 계속 재생할 수 있습니다.

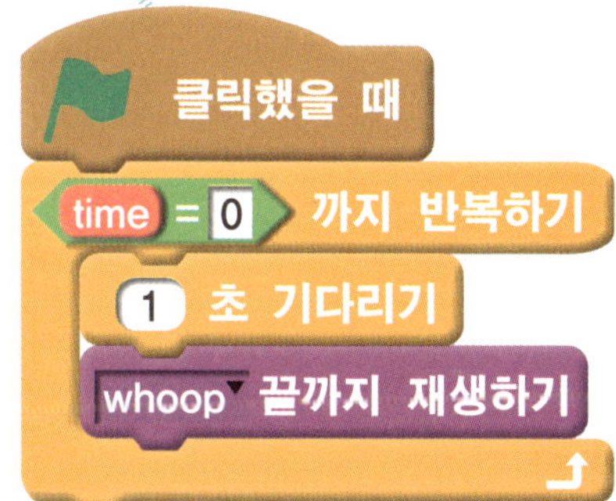

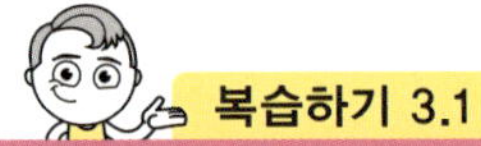

복습하기 3.1

변수 이해하기

제3장의 중간 복습으로 변수에 대해 복습합니다. 프로그래밍 언어에서 변수는 매우 중요합니다. 이번 장에서는 변수가 무엇인지 설명하고 활용하는 간단한 예를 보였지만, 앞으로 거의 모든 부분에 변수가 적극적으로 활용될 것입니다.

❶ 스크래치 언어의 변수에 대한 설명 중 맞는 것은 무엇입니까?

① 변수를 한번 만들면 삭제할 수 없습니다.

② 변수의 이름에 한글은 사용할 수 없습니다.

③ 변수의 값을 무대 화면에 표시할 수 있습니다.

④ 스프라이트에서 만든 변수는 무조건 해당 스프라이트에서만 사용할 수 있습니다.

⑤ 변수를 만들 때 숫자를 저장할 것인지 문자를 저장할 것인지 미리 결정해야 합니다.

❷ time 변수의 값은 10, x 변수의 값은 7이라고 합니다. 아래의 스크립트가 실행되면 time 변수의 값은 어떻게 될까요? 맞는 것끼리 연결하세요.

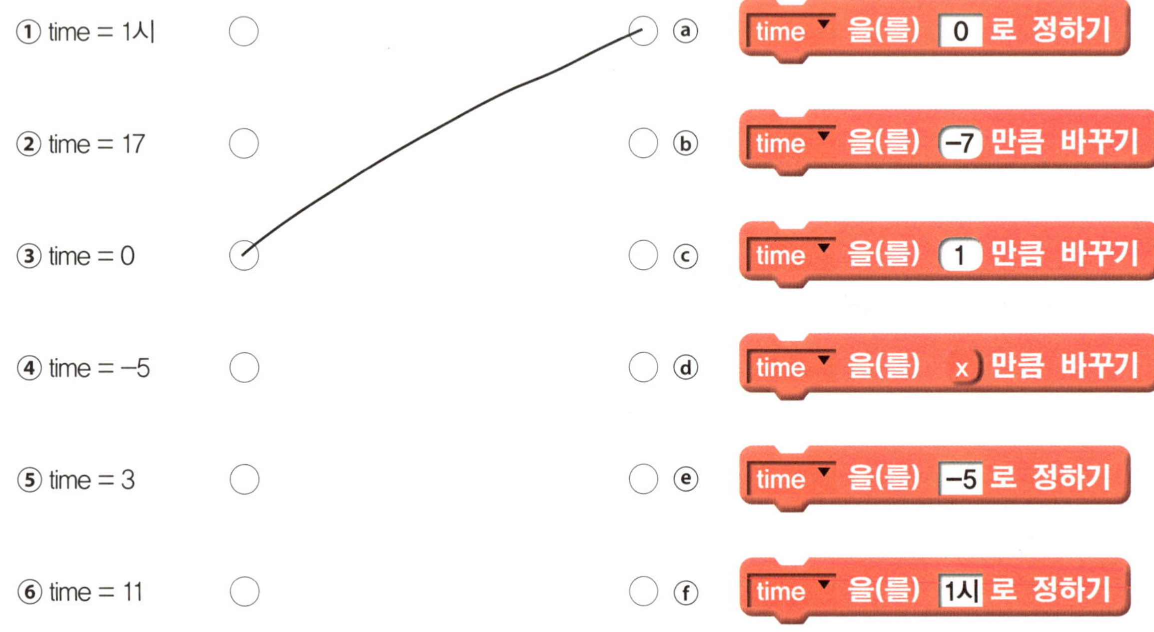

❸ 변수를 사용할 수 없는 스크립트는 무엇입니까?

① [□ 재생하기] 소리 스크립트

② [□초 기다리기] 제어 스크립트

③ [□만큼 움직이기] 동작 스크립트

④ 〈□ = □〉 연산 스크립트

⑤ 〈□을(를) □만큼 바꾸기〉 데이터 스크립트

❹ 아래의 스크립트 블록 중에서 반복하는 횟수가 틀린 것은 무엇입니까?

① 10회

② 10회

③ 5회

④ 2회

연산 스크립트 이해하기

연산 스크립트에는 사칙 연산, 난수, 비교 연산, 논리 연산, 문자 연산, 나머지, 반올림, 제곱근 등 17개의 스크립트가 있습니다. 변수를 효율적으로 사용하기 위해서는 연산 스크립트를 적절히 활용할 수 있어야 합니다.

사칙 연산 스크립트

연산 스크립트에는 오른쪽과 같이 덧셈, 뺄셈, 곱셈, 나눗셈의 사칙 연산 스크립트가 있습니다. 2개의 빈칸에 직접 숫자를 입력하거나 변수 스크립트를 삽입할 수 있으며, 다른 연산 스크립트를 삽입할 수도 있습니다.

덧셈 연산   뺄셈 연산   곱셈 연산   나눗셈 연산

2+4=6   9−3=6   2×4=6   12÷4=6

사칙 연산 스크립트를 사용할 때는 2개의 빈칸 중에서 하나는 변수 스크립트를 사용하는 경우가 많습니다. 변수의 값에 따라서 다른 결과를 얻을 수 있기 때문입니다.

변수 x 블록을 마우스로 끌어서 빈칸에 넣으면 삽입됩니다.

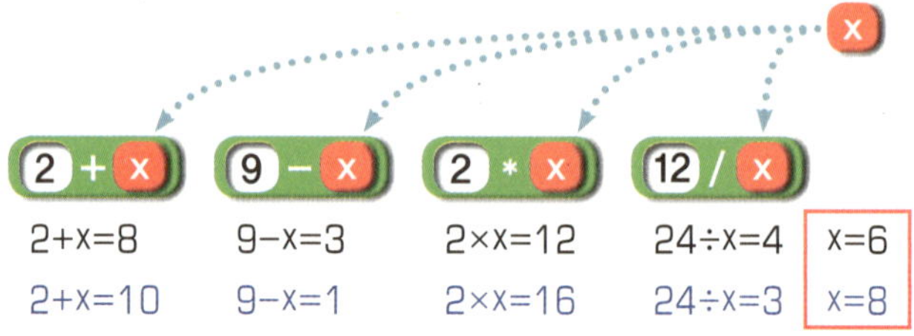

2+x=8   9−x=3   2×x=12   24÷x=4   x=6
2+x=10 9−x=1   2×x=16   24÷x=3   x=8

사칙 연산 스크립트는 빈칸을 가지고 있는 스크립트 블록에 삽입하여 사용합니다. 아래에 보는 것과 같이 같은 [□만큼 움직이기] 블록이라도 x 변수의 값에 따라 움직이는 거리가 달라집니다.

x=10

10+6=16

(10+6)÷2=8

8만큼 움직입니다.

7만큼 움직입니다.

9만큼 움직입니다.

비교 연산 스크립트

비교 연산 스크립트에는 오른쪽과 같이 〈, =, 〉의 3가지 종류가 있습니다. 2개의 빈칸에 직접 숫자를 입력하거나 변수 스크립트를 삽입할 수 있으며, 다른 연산 스크립트를 삽입할 수도 있습니다.

비교 연산 스크립트도 2개의 빈칸 중에서 하나에는 변수 스크립트를 사용하는 경우가 많습니다. 그래야 변수의 값이 특정 값보다 더 큰지, 같은지, 작은지 검사할 수 있기 때문이죠. 비교 연산 스크립트는 [만약 〈──〉까지 반복하기]나 [만약 〈──〉(이)라면]과 같은 제어 스크립트에 사용되는 경우가 많습니다.

비교 연산 스크립트는 참(true) 혹은 거짓(false)을 전달하기 때문에 제어 스크립트의 빈칸에 삽입되어 사용됩니다. 그 값이 참이냐 거짓이냐에 따라서 다음에 어떤 스크립트 블록을 실행할 것인지 결정합니다.

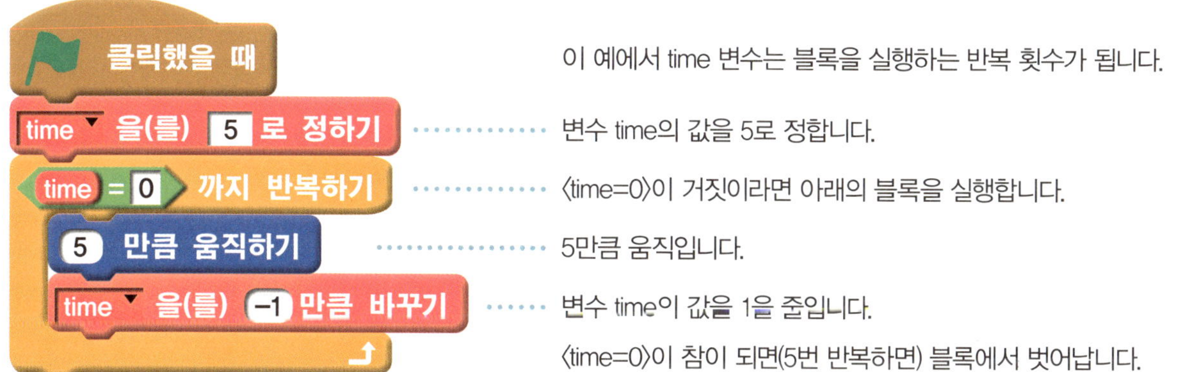

이 예에서 time 변수는 블록을 실행하는 반복 횟수가 됩니다.

변수 time의 값을 5로 정합니다.

〈time=0〉이 거짓이라면 아래의 블록을 실행합니다.

5만큼 움직입니다.

변수 time이 값을 1을 줄입니다.

〈time=0〉이 참이 되면(5번 반복하면) 블록에서 벗어납니다.

논리 연산 스크립트

논리 연산 스크립트에는 오른쪽과 같이
그리고(and), 또는(or), 아니다(not)
스크립트가 있습니다. 이들은 숫자뿐 아니라
논리(참 혹은 거짓)도 계산을 할 수 있다는
것을 보여줍니다.

　논리 연산 스크립트는 조건을
검사하여(주로 변수의 값을 검사하는데
사용합니다) 프로그램의 실행 순서를
결정합니다.

　논리 연산 스크립트 블록도 제어
스크립트의 조건 빈칸에 삽입되어
사용됩니다. 논리 연산 스크립트의 값(참
혹은 거짓)에 따라 다음에 어떤 스크립트
블록을 실행할 것인지 결정합니다.

그리고

주어진 2개의 조건이 모두 참(true)일 때 참을
돌려주며, 2개의 조건 중 하나라도 거짓(false)이면
거짓을 돌려줍니다.

또는

주어진 2개의 조건이 하나라도 참(true)이면 참을
돌려주며, 2개의 조건이 모두 거짓(false)이면 거짓을
돌려줍니다.

가(이) 아니다

주어진 조건이 참(true)이면 거짓을, 거짓(false)이면
참을 돌려줍니다.

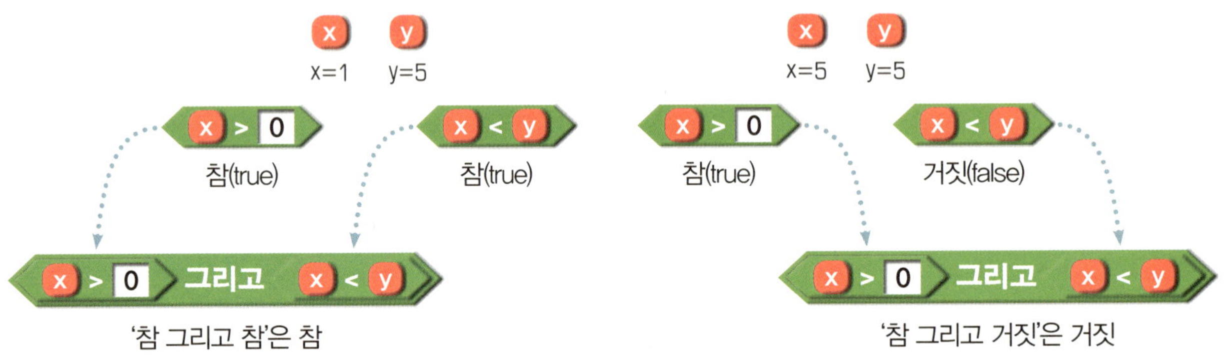

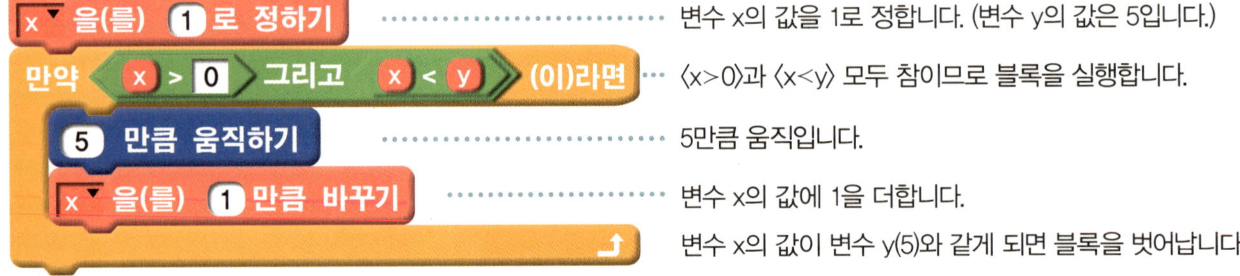

변수 x의 값을 1로 정합니다. (변수 y의 값은 5입니다.)

〈x>0〉과 〈x<y〉 모두 참이므로 블록을 실행합니다.

5만큼 움직입니다.

변수 x의 값에 1을 더합니다.

변수 x의 값이 변수 y(5)와 같게 되면 블록을 벗어납니다.

난수 스크립트

난수 스크립트는 매우 특별한 연산 스크립트입니다. 난수(random number)란 주사위를 던져서 나오는 숫자와 같이 어떤 숫자가 나올지 모르는 수라는 뜻입니다. 스크래치의 난수 스크립트는 주어진 두 숫자 사이의 숫자 중에서 아무 숫자를 골라서 돌려줍니다.

　난수 스크립트는 오른쪽과 같이 빈칸이 있는 거의 모든 스크립트 블록에 사용할 수 있습니다. 게임에서 결과를 예측할 수 없는 값을 얻고자 할 때 사용합니다.

1 부터 6 사이의 난수

1과 6 사이에 있는 임의의 수를 얻습니다. 1, 2, 3, 4, 5, 6 중에서 아무 것이나 한 수를 얻게 됩니다.

−3 부터 3 사이의 난수

−3과 3 사이에 있는 임의의 수를 얻습니다. −3, −2, −1, 0, 1, 2, 3 중에서 아무 것이나 한 수를 얻게 됩니다.

x 을(를) 1 부터 6 사이의 난수 로 정하기

x 변수의 값을 1, 2, 3, 4, 5, 6 중에서 하나로 정합니다.

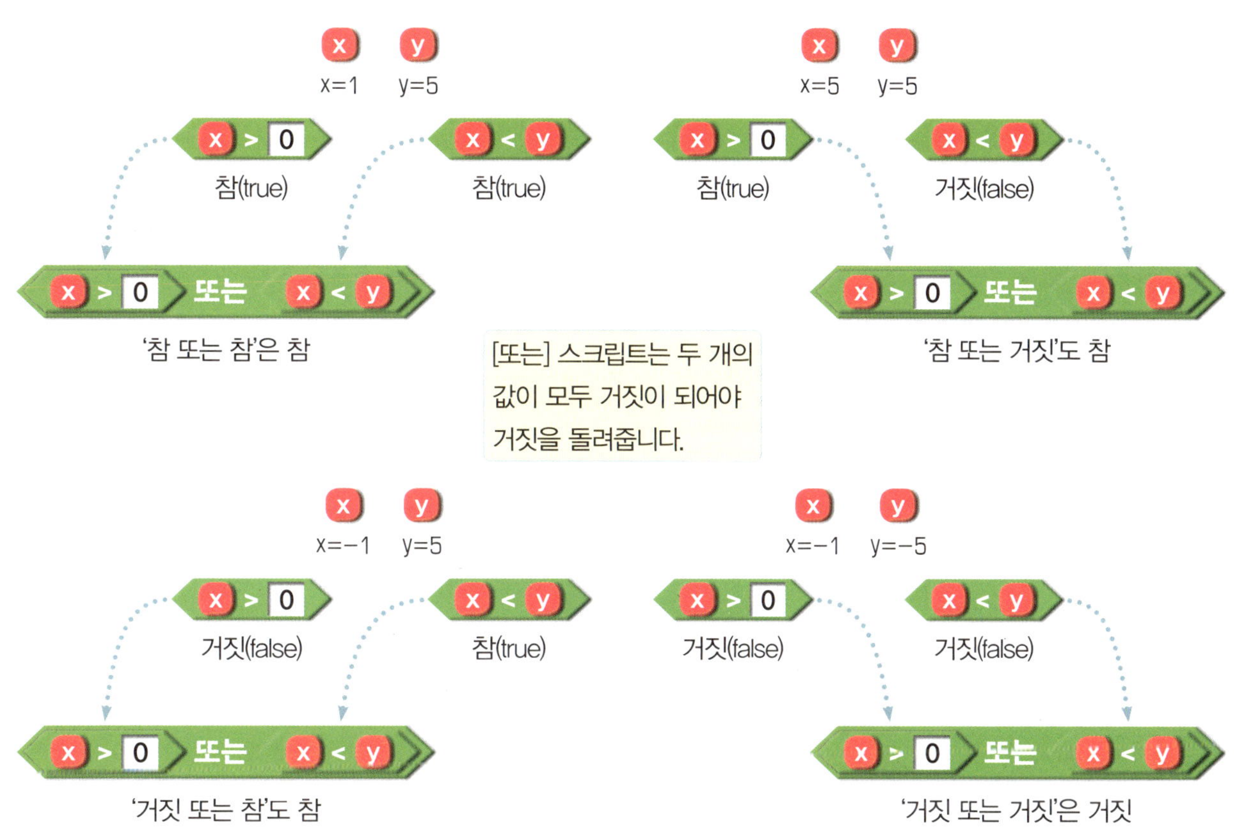

접촉을 관찰하는 스크립트

관찰 스크립트에는 20개의 다양한 스크립트들이 있습니다. 이중에서 특히
스프라이트의 접촉을 관찰하는(마우스 포인터, 벽, 다른 스프라이트와 접촉했는지)
스크립트는 자주 사용됩니다.

마우스 포인터 접촉 관찰하기

〈[마우스 포인터]에 닿았는가?〉 스크립트는
스프라이트의 현재 모양이 무대 화면에서
마우스 포인터에 닿았는지 검사해줍니다.

　오른쪽 그림은 스프라이트가 마우스
포인터를 향해 움직이도록 만든 간단한
예제입니다. 스프라이트가 마우스 포인터에
닿았는지 확인하기 위해 마우스 포인터
접촉 관찰 스크립트를 [만약 〈　　〉
(이)라면] 제어 스크립트에 삽입하였습니다.
〈[마우스 포인터]에 닿았는가?〉 스크립트의
값이 참(true)이 되면 pop 소리 파일을
재생합니다.

벽 접촉 관찰하기

〈□에 닿았는가?〉 스크립트의 목록에서
'벽'을 선택하면 〈[벽]에 닿았는가?〉
스크립트가 됩니다. 이것은 스프라이트의
현재 모양이 무대의 상하좌우 벽에
닿았는지 검사해줍니다.

　오른쪽 그림은 Ball 스프라이트가 무대
내부를 사방으로 돌아다니도록 만든 아주
간단한 예제입니다. Ball 스프라이트가
무대의 벽에 닿으면 소리 파일을 재생하고
스프라이트의 방향을 임의로 바꾸게 됩니다.

스프라이트 접촉 관찰하기

접촉을 검사하는 관찰 스크립트는
마우스 포인터와 무대의 벽 외에도 다른
스프라이트와 접촉했는지 검사할 수
있습니다. 오른쪽 그림처럼 목록 단추를
마우스로 클릭하면 아래쪽에 현재 선택할
수 있는 스프라이트 목록이 나타납니다.

　오른쪽 그림은 Ghost 스프라이트가
Ball 스프라이트를 향해 다가가도록
만든 예제입니다. Ghost 스프라이트가
Ball 스프라이트에 닿았는지 확인하기
위해 스프라이트 접촉 관찰 스크립트를
[만약 ◻(이)라면] 제어 스크립트에
삽입하였습니다. ⟨[Ball]에 닿았는가?⟩
블록의 값이 참(true)이면 Ball과 Ghost
스프라이트가 닿은 것이므로 소리 파일을
재생하고 점수 변수 score의 값에 1을
더합니다.

색 접촉을 관찰하는 스크립트

게임 프로그램의 경우 스프라이트가 어딘가에 닿는 것을 관찰해서 적절한 처리를
해야 합니다. 가장 널리 사용되는 것이 스프라이트가 특정한 색에 닿았는지
검사하는 관찰 스크립트입니다.

색으로 접촉 관찰하기

스프라이트가 배경 그림의 특정 부분과
접촉했는지 확인하고 싶을 때 사용하는
것이 바로 〈□색에 닿았는가?〉 관찰
스크립트입니다. 이 스크립트에서 사각형의
색을 원하는 색으로 지정하려면 다음과
같이 하면 됩니다.

❶ 관찰 스크립트 목록에서 두 번째에 있는 〈□
색에 닿았는가?〉 스크립트를 원하는 곳으로
끌어다 놓습니다.

❷ 사각형을 마우스로 클릭합니다.

❸ 이제 마우스 포인터를
옮기면 사각형의
색이 마우스 포인터가
가리키는 곳의 색으로
바뀝니다. 원하는 색이
되었을 때 클릭합니다.

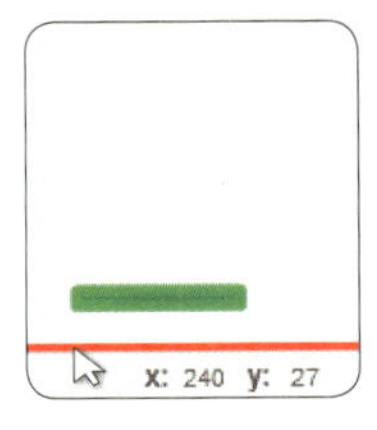

❹ 사각형의 색이 지정한 색으로 바뀝니다.

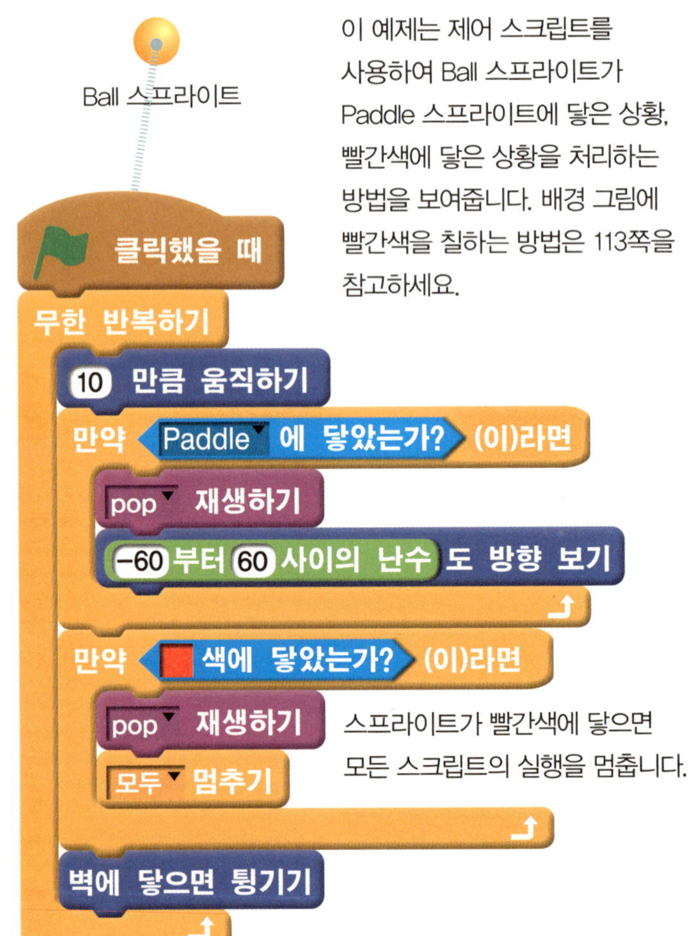

이 예제는 제어 스크립트를
사용하여 Ball 스프라이트가
Paddle 스프라이트에 닿은 상황,
빨간색에 닿은 상황을 처리하는
방법을 보여줍니다. 배경 그림에
빨간색을 칠하는 방법은 113쪽을
참고하세요.

스프라이트가 빨간색에 닿으면
모든 스크립트의 실행을 멈춥니다.

입력을 관찰하는 스크립트

사용자가 마우스를 클릭하거나 특정 키를 누르는 것을 검사해주는 관찰 스크립트들이 있습니다. 이런 관찰 스크립트 덕분에 특정 키를 누를 때까지 대기하는 일을 한 줄로 처리할 수 있습니다.

키 입력 관찰하기 스크립트

〈□키를 눌렀는가?〉 관찰 스크립트는 오른쪽 그림과 같이 목록에서 〈Space Bar〉, 〈↑〉, 〈↓〉, 〈→〉, 〈←〉, 〈a〉~〈z〉 키를 선택할 수 있습니다. 이 관찰 스크립트는 사용자가 해당 키를 누르면 참(true) 값을 돌려주므로, 이것을 제어 스크립트의 빈칸에 넣어서 사용합니다.

특정 키를 눌렀을 때 처리하기

오른쪽 예와 같이 [만약 〈　　〉(이)라면] 제어 스크립트의 빈칸에 〈[왼쪽 화살표]키를 눌렀는가?〉 스크립트를 삽입하면 어떻게 될까요? 사용자가 왼쪽 화살표 키를 눌러서 관찰 스크립트의 값이 참(true)이 되면 스프라이트의 x 좌표의 값이 8만큼 줄어들어서 왼쪽으로 이동하게 됩니다.

왼쪽 화살표 키를 누르면 스프라이트가 왼쪽으로 8만큼 이동하게 됩니다.

아무 키나 누를 때까지 기다리기

〈□키를 눌렀는가?〉 관찰 스크립트의 목록에서 '아무'를 선택하면 특정 키가 아니라 아무 키(키 목록에 없는 〈Shift〉나 〈Ctrl〉 키 포함)나 눌러도 그것을 인식합니다.

아무 키나 눌릴 때끼지 계속 기다리게 하는 스크립트

 공 막기 게임 설계하기

블록격파 게임의 전단계로 '공 막기' 게임을 설계하겠습니다. 이 게임은 내려오는 공을 막대로 받아치는 간단한 프로젝트입니다만 지금까지 배운 것들을 최대한 활용해야 해결할 수 있는 요소들이 많습니다. 아래에 공 막기 게임의 구성 요소들과 게임이 동작하기 위해 필요한 스크립트들을 정리해 보았습니다.

◀ 배경 그림
공 막기 게임의 배경 그림.
아래쪽에 빨간색을 칠했음.

무대

난수 발생 스크립트
Ball 스프라이트를 매번 다른 각도로 이동하게 하는 스크립트가 필요합니다.

▲ Ball 스프라이트
일정한 속도로 움직이는 공 모양의 스프라이트

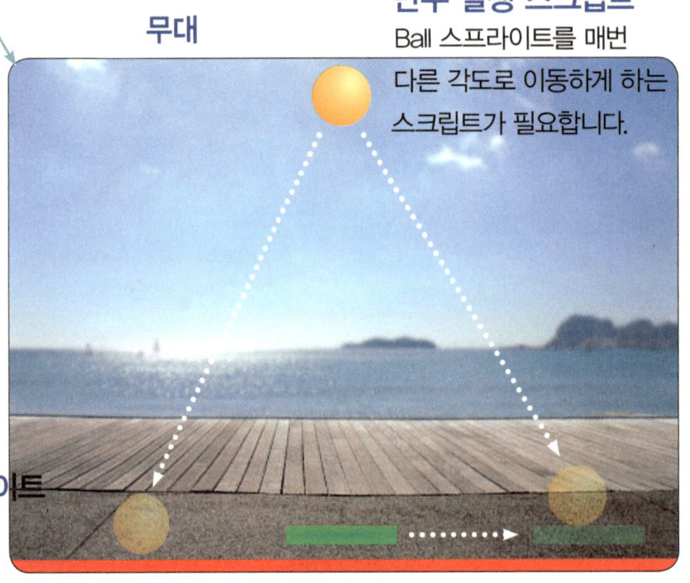

공을 막는 스프라이트
▼ Paddle 스프라이트

스프라이트 접촉 관찰 스크립트
Ball 스프라이트와 Paddle 스프라이트가 접촉했는지 알아내서 Ball 스프라이트를 튕겨주는 스크립트가 필요합니다.

색 접촉 관찰 스크립트
Ball 스프라이트가 무대 아래쪽 빨간색 영역에 닿았는지 알아내서 프로젝트를 종료하는 스크립트가 필요합니다.

키 입력 관찰 스크립트
Paddle 스프라이트는 키보드로 조작합니다. 왼쪽/오른쪽 화살표 키를 누르면 Paddle 스프라이트를 왼쪽/오른쪽으로 옮겨주는 스크립트가 필요합니다.

① 스프라이트의 시작 위치를 정합니다.

② 스프라이트가 한번에 이동하는 거리를 정합니다.

③ 왼쪽 화살표 키가 눌렸는지 검사합니다.

④ 만약 그렇다면 스프라이트를 왼쪽으로 움직입니다.

x좌표를 −8 만큼 바꾸기

⑤ 오른쪽 화살표 키가 눌렸는지 검사합니다.

⑥ 만약 그렇다면 스프라이트를 오른쪽으로 움직입니다.

x좌표를 8 만큼 바꾸기

⑦ 무한 반복

이동 거리를 변수에 보관

화살표 키를 누를 때 Paddle 스프라이트가 움직이는 거리를 변수(pmove)로 저장해두고 이 변수를 사용하여 스프라이트를 움직이는 것이 좋습니다. 게임 도중에 이 변수의 값을 수정하여 게임의 난이도를 조정할 수 있습니다.

이 값을 늘이면 막대가 움직이는 속도가 빨라져서 게임이 쉬워지고, 줄이면 막대가 움직이는 속도가 느려져서 게임이 어려워집니다.

Paddle 스프라이트

왼쪽/오른쪽 화살표 키를 누르면 스프라이트를 좌우로 움직이는 스크립트

클릭했을 때

x: 0 y: −160 로 이동하기

Paddle 스프라이트의 첫 위치는 무대 아래쪽 가운데입니다.

pmove 을(를) 8 로 정하기

pmove 변수는 Paddle 스프라이트가 한번에 이동하는 거리입니다.

무한 반복하기

만약 왼쪽 화살표 키를 눌렀는가? (이)라면

x좌표를 pmove * −1 만큼 바꾸기

특정 키가 눌렸는지 검사하는 일은 〈☐키를 눌렀는가?〉 관찰 스크립트에게 맡깁니다.

만약 오른쪽 화살표 키를 눌렀는가? (이)라면

x좌표를 pmove 만큼 바꾸기

특정 조건이 참(true)일 때 실행하는 일은 〈만약 ◇(이)라면〉 제어 스크립트로 처리합니다.

Ball 스프라이트가 위쪽 가운데에서 시작하여 무대를 돌아다니게 만드는 스크립트

① 스프라이트의 시작 위치를 정합니다.

② 스프라이트의 방향을 임의의 값으로 정합니다.

③ Ball 스프라이트의 이동 거리를 정하고,
점수 변수를 0으로 초기화합니다.

④ 아무 키나 누를 때까지 기다립니다.

⑤ 스프라이트를 현재 방향으로 움직입니다.

⑥ 만약 벽에 닿았다면 튕깁니다.

⑦ 무한 반복

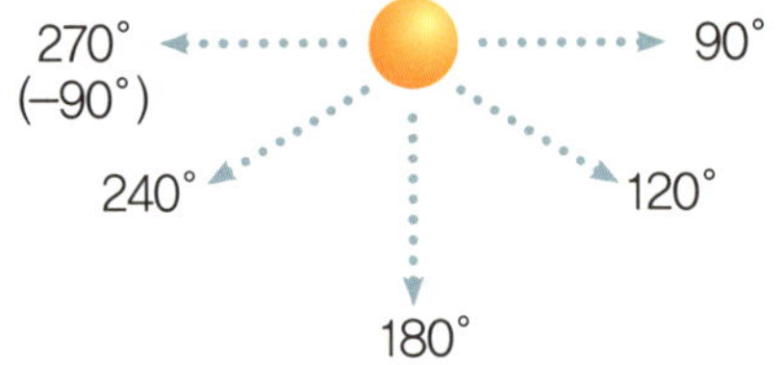

120 부터 240 사이의 난수

매번 다른 방향

Ball 스프라이트가 항상 일정한 방향으로 움직이기 시작하면 재미가 없습니다. 따라서 난수 스크립트를 사용하여 게임을 실행할 때마다 Ball 스프라이트가 다른 방향으로 움직이게 만듭니다. 위의 그림에서 알 수 있듯이 120~240도의 방향을 지정하면 보기 좋게 아래를 향하게 됩니다.

Ball 스프라이트

```
클릭했을 때
x: 0  y: 155 로 이동하기
120 부터 240 사이의 난수 도 방향 보기
bmove 을(를) 10 로 정하기
score 을(를) 0 로 정하기
아무 키를 눌렀는가? 까지 기다리기
무한 반복하기
    bmove 만큼 움직하기
    벽에 닿으면 튕기기
```

Ball 스프라이트가 아래쪽을 향하되 매번 다른 임의의 방향을 향하도록 결정합니다.

bmove 변수는 Ball 스프라이트가 한번에 움직이는 거리입니다.

score 변수는 게임 점수를 저장합니다.

사용자가 아무 키나 누를 때까지 기다립니다.

Ball 스프라이트를 bmove 만큼 움직입니다.

Ball 스프라이트가 벽에 닿았으면 튕깁니다.

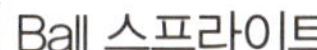

목표 점수를 달성하면 실행되는 스크립트

score 변수의 값이 10(점수가 10점)이 되었다면 ·········

축하 효과음을 재생합니다. ·········

사용자가 이겼다는 메시지를 2초 동안 표시합니다. ·········

이 스프라이트의 다른 스크립트들을 종료합니다. ·········

Ball 스프라이트를 막으면 실행되는 스크립트(점수 획득)

사용자가 Paddle 스프라이트로 Ball 스프라이트를 막는 것은
아래의 제어 스크립트 블록으로 확인할 수 있습니다.

Paddle로 Ball 스프라이트를 막았다면
점수를 보관하고 있는 score 변수에 1을 더합니다.

접촉 효과음을 재생합니다.

Ball 스프라이트를 위쪽
방향의 아무 각도로
보내기 위해 (−60부터 60
사이의 난수) 스크립트를
사용합니다.

Ball 스프라이트를 막지 못하면 실행되는 스크립트(게임 패배)

Paddle로 Ball 스프라이트를 막지 못하면 Ball 스프라이트는 무대 아래쪽
빨간색 영역에 접촉하게 되고 게임이 끝나게 됩니다. 이 상황은 아래처럼
〈□색에 닿았는가?〉 관찰 스크립트로 알아낼 수 있습니다. 배경 그림에
빨간색을 칠하는 방법은 다음 페이지를 참고하세요.

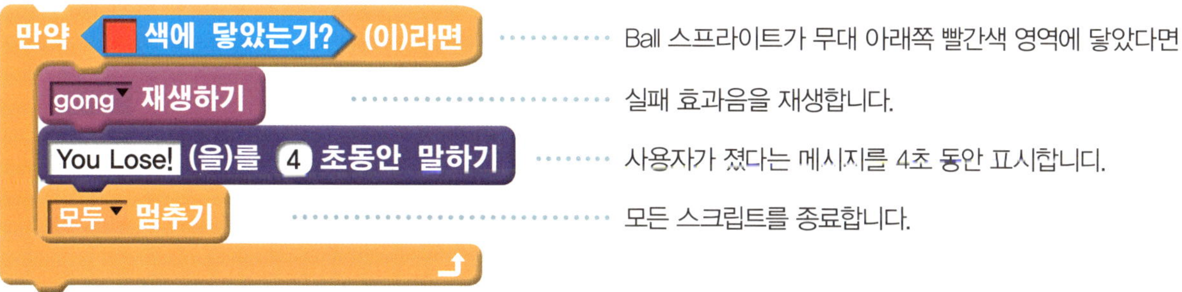

Ball 스프라이트가 무대 아래쪽 빨간색 영역에 닿았다면

실패 효과음을 재생합니다.

사용자가 졌다는 메시지를 4초 동안 표시합니다.

모든 스크립트를 종료합니다.

프로젝트 3.3

공 막기 게임 프로젝트

앞에서 설계한 공 막기 게임을 직접 만들어 봅니다. ① 배경 그림 준비, ② 스프라이트 준비, ③ 변수 준비, ④ 스프라이트의 모양 중심 잡기, ⑤ 막대 스프라이트의 첫 위치 지정, ⑥ 막대를 움직이는 스크립트 작성, ⑦ 공 스프라이트의 첫 위치 지정, ⑧ 공을 움직이는 스크립트 작성, ⑨ 공을 막았을 때 실행되는 스크립트 작성, Ⓐ 공을 막지 못했을 때 실행되는 스크립트 작성, Ⓑ 목표를 달성했을 때 실행되는 스크립트 작성의 순서대로 작업합니다.

① 배경 그림 준비하기

새로운 프로젝트를 만들고 배경 그림을 준비합니다. 배경 그림은 어떤 것을 선택해도 좋으나 아래쪽을 빨간색으로 칠할 것이기 때문에 빨간색이 없는 것을 골라야 합니다.

❶ 새 프로젝트를 시작합니다. 프로젝트의 이름을 'ball hit game'으로 고쳐줍니다.

❷ 배경 그림을 추가합니다. 무대 아이콘을 클릭하여 선택한 상태에서 [저장소에서 배경 선택] 단추를 클릭합니다.

❸ 배경 저장소 창이 나타나면 'boardwalk'를 선택하고 확인 단추를 클릭합니다.

❹ 배경 그림이 삽입됩니다.

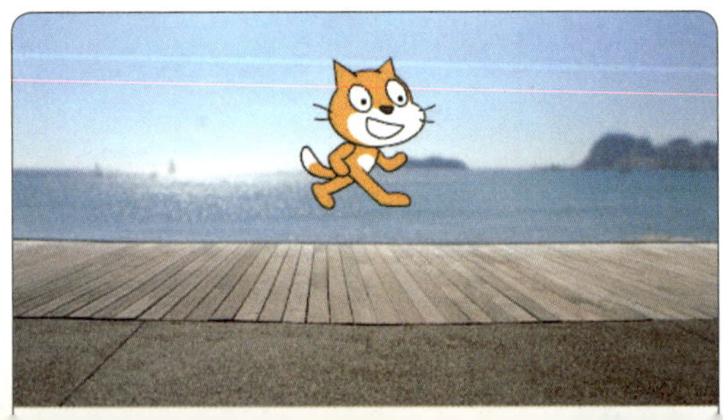

❺ 배경 그림을 수정하기 위해서 배경 탭을 클릭합니다.

❻ 선을 그리기 위해 '선' 도구 단추를 클릭합니다.

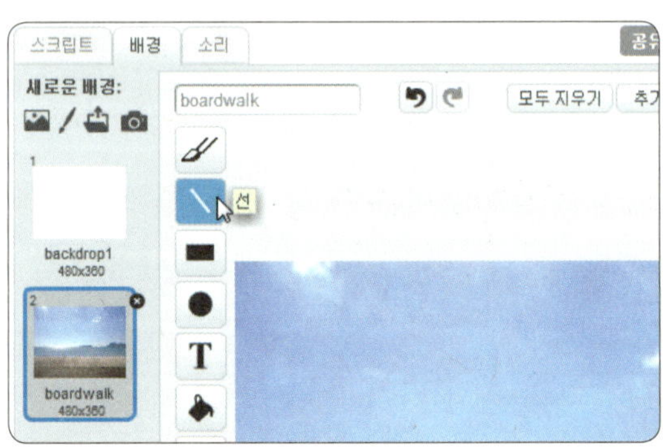

❼ 빨간색 선을 그리기 위해 아래쪽에 있는 색상 팔레트에서 빨간색을 클릭하여 선택합니다.

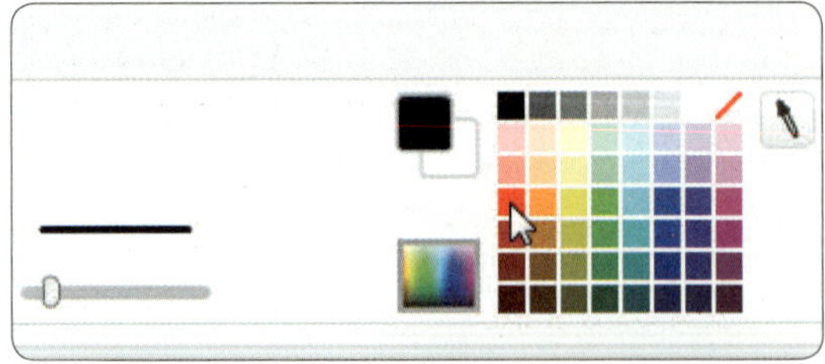

❽ '선 굵기' 슬라이더를 오른쪽으로 끌어당겨서
   바로 위에 보이는 빨간색 선을 굵게 만듭니다.

❾ 마우스 포인터를 배경 그림의 왼쪽
   아래에서부터 드래그하여 쭉 선을 그려줍니다.

❿ 배경 그림의 폭 전체에 걸쳐서 선을 그려야
   하는데 실수를 했다면 위쪽에 있는 '되돌리기'
   버튼을 클릭하여 취소하고 다시 그립니다.
   에디터 화면을 옆으로 충분히 늘려서 배경 그림
   전체가 나타나게 한 뒤에 그리는 것이 편합니다.

⓫ 아래 그림처럼 무대에 표시된 배경 그림 아래
   전체에 빨간색 선이 그려져야 합니다.

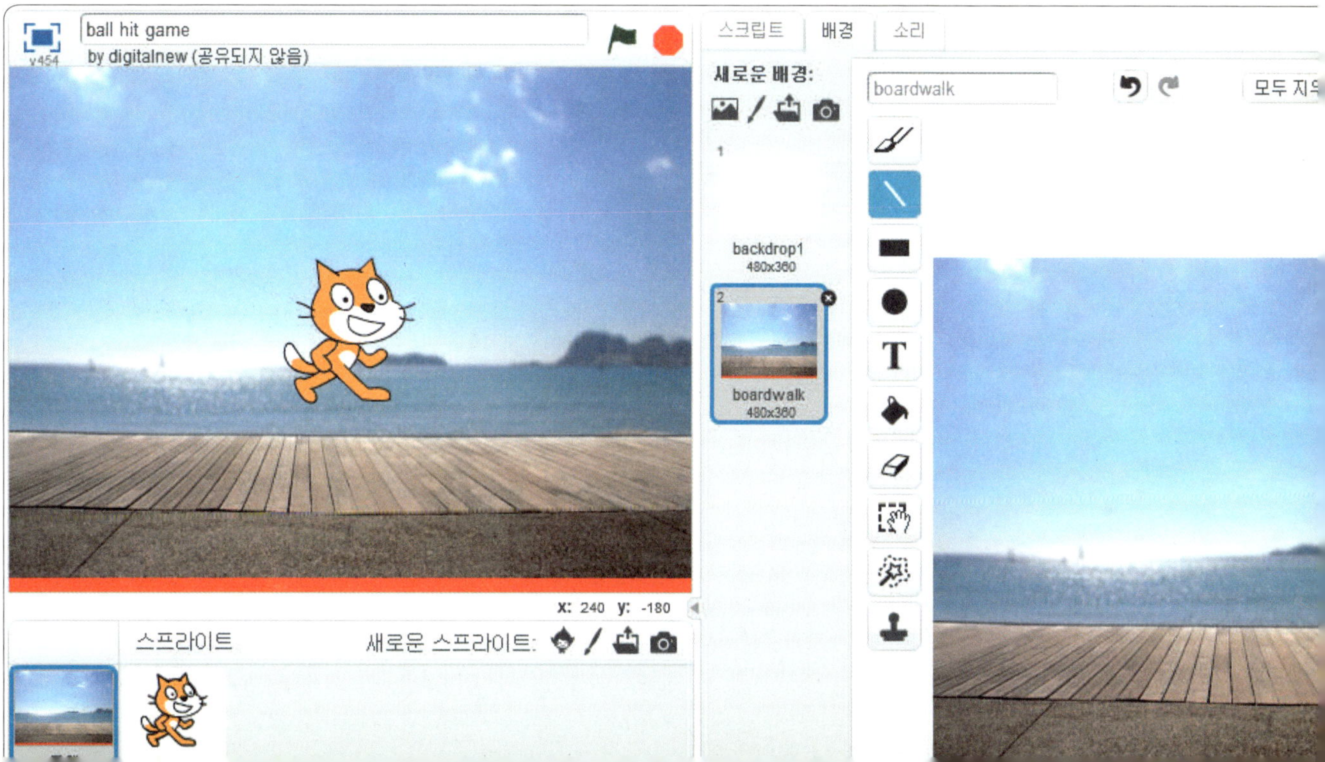

2 스프라이트 준비하기

게임에 사용될 스프라이트를 준비합니다. 막대 스프라이트와 공
스프라이트를 추가하고 필요한 소리 파일들을 추가합니다.

❶ 스프라이트 목록에 있는 고양이 스프라이트를
삭제합니다.

❷ [저장소에서 스프라이트
선택] 단추를 클릭합니다.

❸ 스프라이트 저장소 창이
나타나면 아래로 쭉 내려가서
'Paddle'을 찾아 선택하고 확인
단추를 클릭합니다.

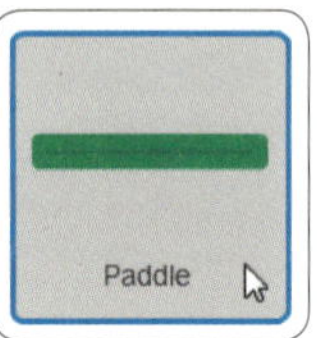

❹ 같은 방법으로 Ball 스프라이트도 추가합니다.

❺ Ball 스프라이트를 선택한 상태에서 소리 탭을
클릭하여 선택합니다.

❻ 축하 효과용 소리 파일을
추가하기 위해 [저장소에서
소리 선택] 단추를 클릭합니다.

❼ 소리 저장소 창이 나타나면
왼쪽에서 '인간' 목록을 선택한
뒤에 오른쪽에서 'cheer'를 더블
클릭합니다.

❽ 같은 방법으로 '효과' 목록의 'gong' 소리
파일도 추가합니다(게임 실패용).

❾ 플레이 단추를 클릭하여 소리 파일들이 어떤
소리를 내는지 확인합니다. 마음에 들지
않는다면 적당한 다른 소리 파일을 찾아서
선택해도 됩니다.

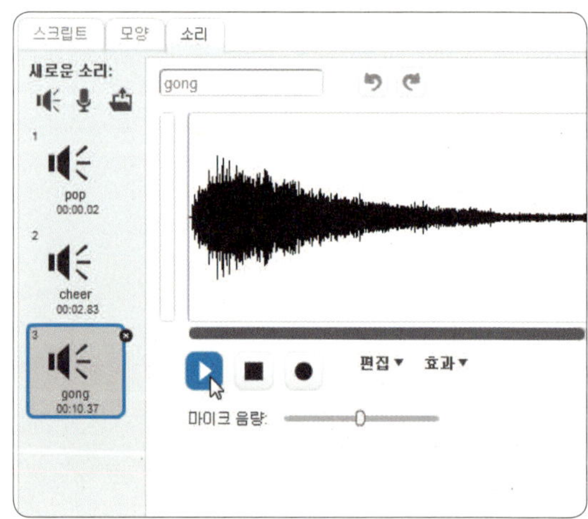

3 변수 만들기

데이터 스크립트에서 3개의 변수를 만듭니다. 게임 점수를 표시하기
위한 변수, 공과 막대의 이동 거리용 변수입니다.

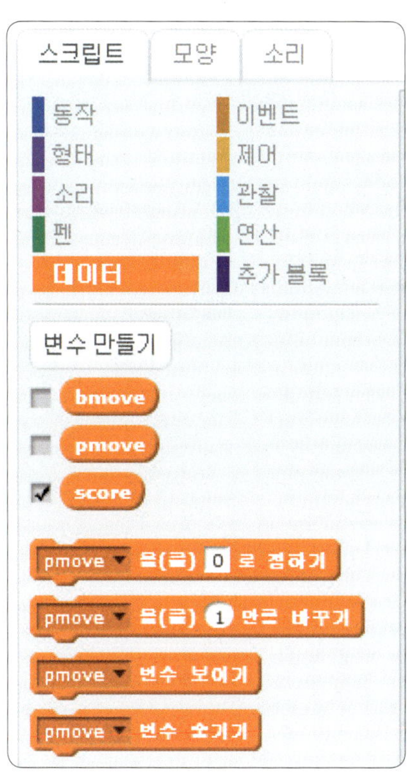

❶ Paddle 스프라이트를 선택한 상태에서
스크립트 탭을 클릭하여 선택합니다.

❷ '데이터' 분류를 선택합니다.

❸ bmove, pmove, score 변수를 만듭니다.
bmove는 볼이 한번에 움직이는 거리,
pmove는 막대가 한번에 움직이는 거리,
score는 점수를 보관하는 변수입니다.

❹ 오른쪽 그림에서 보는 것처럼 bmove와 pmove
변수는 왼쪽의 체크 상자를 클릭하여 체크
표시를 지워버립니다. 이렇게 하면 무대 화면에
score 변수의 값만 표시되고 다른 두 변수의
값은 표시되지 않게 됩니다.

bmove

Ball 스프라이트가 한번에
이동하는 거리를 보관하는
변수입니다. 이 변수가
보관하는 값이 커지면 공이
움직이는 속도가 빨라집니다.

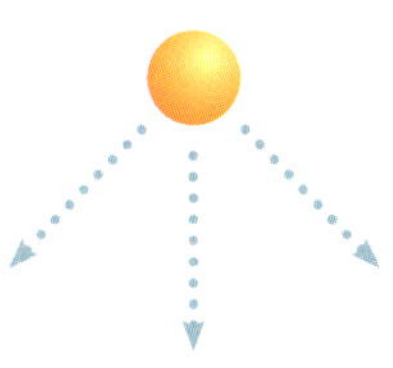

pmove

왼쪽/오른쪽 화살표 키를 누르면 Paddle
스프라이트가 왼쪽 또는 오른쪽으로
움직이는 거리를 보관하는 변수입니다. 이
변수가 보관하는 값이 커지면 막대를 빨리
움직일 수 있어서 게임이 쉬워집니다.

 공 막기 게임 프로젝트

4 스프라이트의 모양 중심 잡기

이번 프로젝트에서는 막대 스프라이트와 공 스프라이트가 접촉하는
것을 관찰하는 것이 중요한 요소이기 때문에 스프라이트 모양의 중심을
정확하게 지정하는 것이 좋습니다.

❶ Paddle 스프라이트를 선택한 상태에서 모양
탭을 클릭하여 선택합니다.

❷ 오른쪽 아래에 있는 확대 단추를 클릭해서
400%로 확대합니다.

❸ 이번에는 오른쪽 위에 있는 십자 모양의 '모양
중심 설정' 단추를 클릭합니다. 그러면 오른쪽
그림처럼 막대 모양의 중심 위치를 보여주는
십자선이 나타납니다.

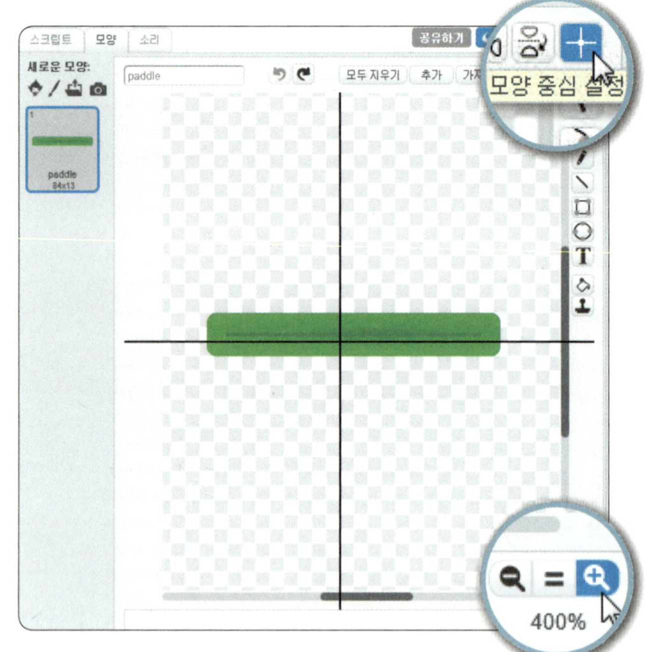

❹ 그런데 십자선의 위치를 잘 살펴보면 막대의
정중앙에서 살짝 벗어나 있습니다. 마우스
포인터를 드래그하여 가로와 세로 방향으로
모두 정중앙 위치로 움직인 뒤에 마우스
단추에서 손가락을 뗍니다.

❺ 다시 한번 '모양 중심 설정' 단추를 클릭해서
중심 위치가 잘 잡혔는지 확인합니다.

❻ 정확하게 되지 않았다면 제대로 될 때까지
④번의 작업을 다시 합니다.

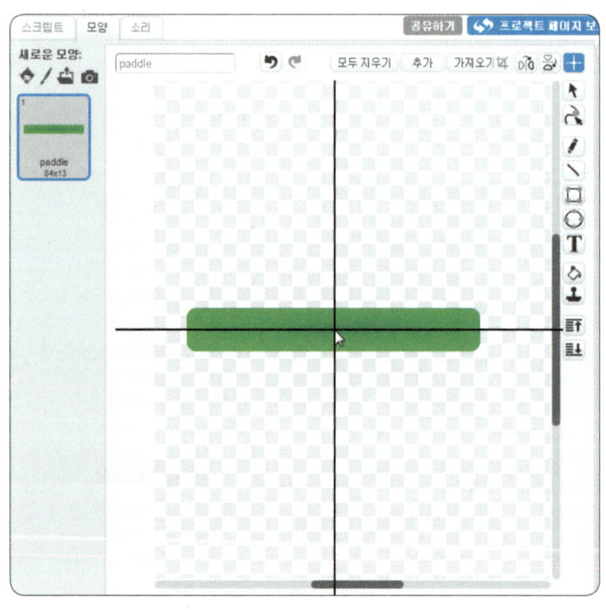

❼ 이와 같은 방법으로 Ball 스프라이트도 모양
중심을 정확하게 잡아줍니다.

5 막대 스프라이트의 첫 위치 지정하기

이제 Paddle 스프라이트를 위한 스크립트를 작성합니다. 우선
스프라이트의 첫 위치를 정해야 하는데 무대 화면을 보면서 원하는
위치의 xy 좌표를 찾는 방법을 소개합니다.

❶ Paddle 스프라이트를 선택한 상태에서
　스크립트 탭을 클릭하여 선택합니다.

❷ 이벤트 스크립트에서 [▶ 클릭했을 때]
　블록을 스크립트 영역에 끌어다 놓습니다.

❸ 스프라이트 목록에서 Paddle 스프라이트의
　i 아이콘을 클릭해서 오른쪽 그림과 같이
　스프라이트 정보창을 펼쳐 놓습니다.

❹ 무대 화면에 보이는 녹색 막대를 마우스로
　드래그하여 무대 아래쪽 가운데에 갖다
　놓습니다. 이때 스프라이트 창에 표시되는
　xy 좌표값이 0, −160이 되도록 조정합니다.

❺ 이제 '동작' 분류를 클릭해서 동작 스크립트
　목록에서 [x:☐ y:☐로 이동하기] 블록을
　보면 빈칸의 값이 현재의 xy 좌표값으로
　되어 있습니다.

x: 0 y: −160 로 이동하기

❻ [x:0 y:−160로 이동하기] 블록을 끌어서
　[▶ 클릭했을 때] 블록 아래에 추가합니다.

스프라이트를 특정 위치로 이동시키는 동작 스크립트를
얻고 싶다면 다음과 같이 합니다. 무대에 있는 스프라이트를
마우스로 움직여서 특정 위치로 보냅니다. 그러면 현재의
xy 좌표값이 [x:☐ y:☐로 이동하기] 동작 스크립트에 바로
반영됩니다. 이것을 끌어다가 추가하면 끝!

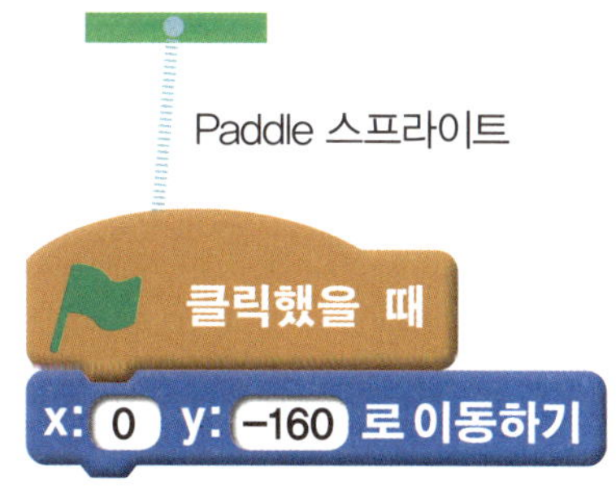

6 막대를 좌우로 움직이는 스크립트 작성하기

막대를 좌우로 움직이게 하는 스크립트는 매우 간단합니다. 왼쪽
화살표 혹은 오른쪽 화살표 키가 눌렸는지 검사해서 눌렸다면 Paddle
스프라이트의 위치를 옮겨주면 됩니다.

❶ pmove 변수의 값을 8로 정하기 위해 데이터
  스크립트에서 [[＿＿]을(를) □로 정하기]
  블록을 끌어다가 추가합니다. 변수는 pmove를
  선택하고 빈칸에는 8을 입력합니다.

❷ 제어 스크립트에 있는 [무한 반복하기] 블록을
  끌어다가 추가합니다.

❸ 제어 스크립트에 있는 [만약 ◇(이)라면]
  블록을 끌어다가 [무한 반복하기] 블록 안에
  삽입합니다.

❹ [만약 ◇(이)라면] 블록의 빈칸에 ⟨＿＿
  키를 눌렀는가?⟩ 관찰 스크립트를 삽입하고
  목록에서 '왼쪽 화살표'를 선택합니다.

❺ 동작 스크립트에서 [x좌표를 □만큼 바꾸기]
  블록을 끌어서 [만약 ◇(이)라면] 블록
  내부에 삽입합니다.

❻ 연산 스크립트에서 (□*□) 곱셈 연산 블록을
  끌어다가 [x좌표를 □만큼 바꾸기] 블록의 숫자
  칸에 삽입합니다.

❼ (□*□) 곱셈 연산 블록의 왼쪽 빈칸에는
  데이터 스크립트에서 pmove 변수를 끌어다가
  넣고, 오른쪽 빈칸에는 '-1'을 입력합니다.

❽ ③~⑦의 작업은 왼쪽 화살표 키를 눌렀을 때
  Paddle 스프라이트를 왼쪽으로 한번 옮기는
  스크립트를 만든 것입니다. 이것을 한번 더
  하되 이번에는 오른쪽 화살표 키가 눌렸을 때
  Paddle 스프라이트를 오른쪽으로 한번 옮기는
  스크립트를 작성합니다. 아래 그림 참조하세요.

❾ 아래와 같이 스크립트 블록을 완성했다면
  🏴 단추를 클릭해서 프로젝트를 실행합니다.
  그리고 왼쪽/오른쪽 화살표 키를 눌러서 녹색
  막대가 움직이는지 테스트합니다.

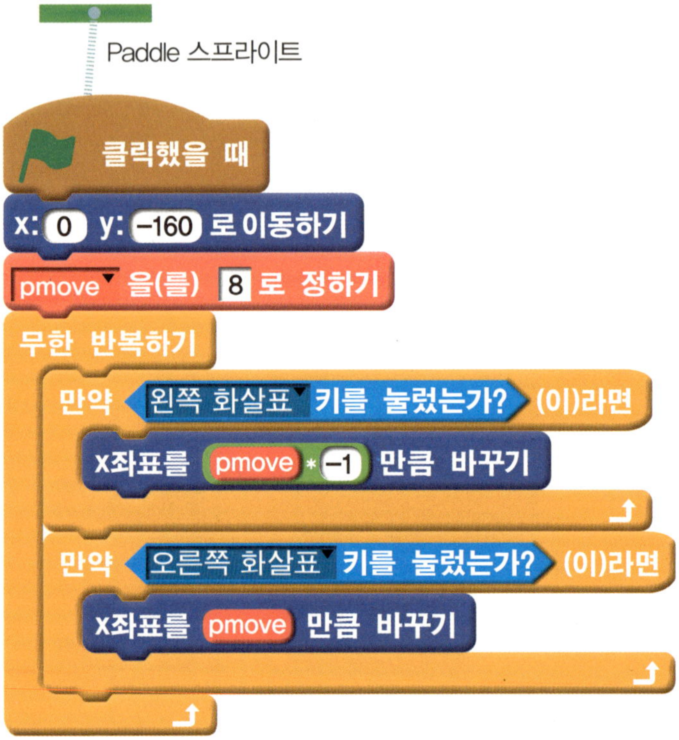

Paddle 스프라이트

7 공 스프라이트의 첫 위치 지정하기

이제 Ball 스프라이트를 위한 스크립트를 작성합니다. Paddle
스프라이트의 첫 위치를 정할 때 썼던 방법을 여기에서도 그대로
사용합니다.

❶ Ball 스프라이트를 선택한 상태에서
스크립트 탭을 클릭하여 선택합니다.

❷ 이벤트 스크립트에서 [🏴 클릭했을 때]
블록을 스크립트 영역에 끌어다 놓습니다.

❸ 스프라이트 목록에서 Ball 스프라이트의
i 아이콘을 클릭해서 오른쪽 그림과 같이
스프라이트 정보창을 펼쳐 놓습니다.

❹ 무대 화면에 보이는 둥근 공을 마우스로
드래그하여 무대 위쪽 가운데에 갖다
놓습니다. 이때 스프라이트 창에 표시되는
xy 좌표값이 0, 155가 되도록 조정합니다.

❺ 이제 '동작' 분류를 클릭해서 동작 스크립트
목록에서 [x:▢ y:▢로 이동하기] 블록을
보면 빈칸의 값이 현재의 xy 좌표값으로
되어 있습니다.

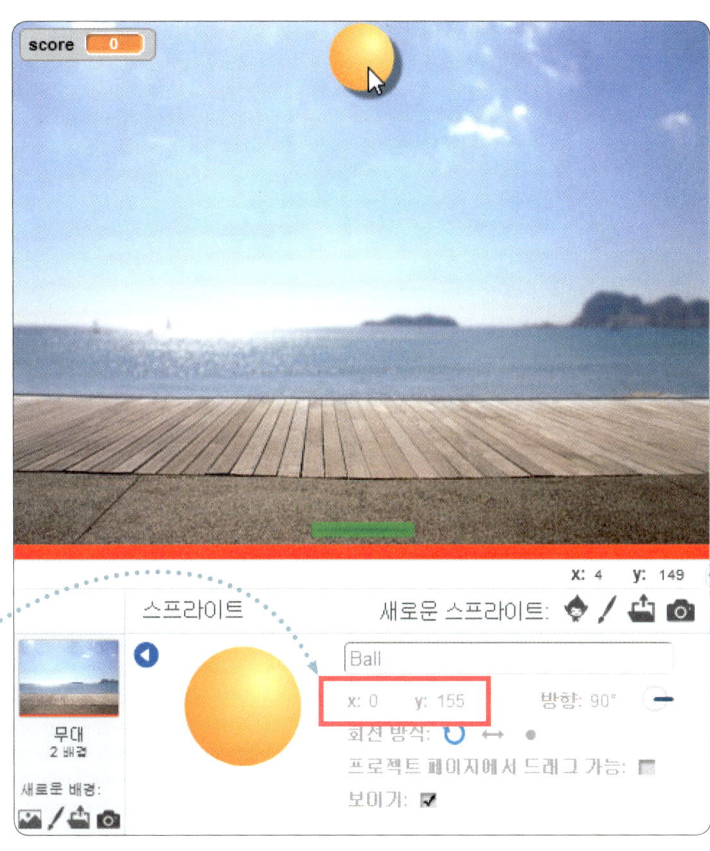

❻ [x:0 y:155로 이동하기] 블록을 끌어서
[🏴 클릭했을 때] 블록 아래에 추가합니다.

Ball 스프라이트

8 공을 사방으로 움직이는 스크립트 작성하기

공을 사방으로 움직이게 하는 방법은 현재의 방향으로 전진하고 벽에
닿았으면 튕긴다. 아주 간단합니다. 공의 방향을 난수 스크립트로
결정하는 것과 아무 키나 누를 때까지 기다리는 부분을 주의해서 보세요.

❶ 동작 스크립트에서 [□도 방향 보기] 블록을
   끌어다가 추가합니다.

❷ 연산 스크립트에서 (□부터 □사이의 난수)
   연산 블록을 끌어다가 [□도 방향 보기] 블록의
   빈칸에 삽입합니다. 그리고 앞칸에 120, 뒷칸에
   240을 입력합니다.

❸ 데이터 스크립트에서 [□□□을(를) □로
   정하기] 블록을 끌어다가 추가합니다. 변수는
   bmove를 선택하고 빈칸에는 10을 입력합니다.

❹ 데이터 스크립트에서 [□□□을(를) □로
   정하기] 블록을 끌어다가 추가합니다. 변수는
   score를 선택하고 빈칸에는 0을 입력합니다.

❺ 제어 스크립트에서 [< >까지 기다리기]
   블록을 끌어서 추가합니다.

❻ 관찰 스크립트에 있는 <□키를 눌렀는가?>
   블록을 끌어다가 [< >까지 기다리기] 블록의
   빈칸에 삽입합니다. 그리고 목록에서 '아무'를
   선택합니다.

❼ 제어 스크립트에 있는 [무한 반복하기] 블록을
   끌어다가 추가합니다.

❽ 동작 스크립트에서 [□만큼 움직이기]
   블록을 끌어다가 [무한 반복하기] 블록 안에
   삽입합니다. 그리고 데이터 스크립트에서
   bmove 변수를 끌어다가 빈칸에 삽입합니다.

❾ 동작 스크립트에서 [벽에 닿으면 튕기기] 블록을
   끌어다가 그 아래에 삽입합니다.

❿ 아래와 같이 스크립트 블록을 완성했다면 ⚑
   단추를 클릭해서 프로젝트를 실행합니다. 공이
   사방으로 잘 돌아다니는지 확인합니다.

Ball 스프라이트

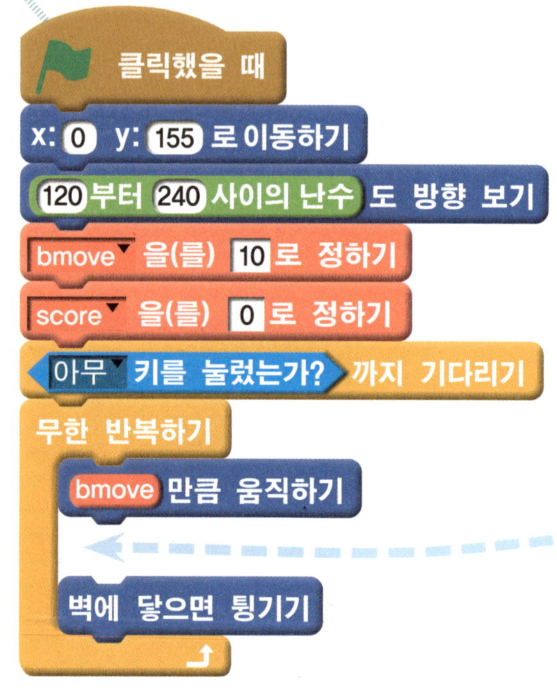

9 공을 막았을 때 실행되는 스크립트 작성하기

막대를 움직여 내려오는 공을 막으면 공을 튕겨주고, 방어한 보상으로
게임 점수를 증가시키는 스크립트를 작성합니다. 공을 튕겨주기 위해
난수 스크립트를 사용하여 공의 방향을 바꿔주는 부분을 살펴보세요.

❶ 제어 스크립트에서 [만약 ◇(이)라면]
블록을 끌어다가 별도로 놓습니다.

❷ 관찰 스크립트에서 〈□에 닿았는가?〉
블록을 끌어와 [만약 ◇(이)라면] 블록의
빈칸에 삽입합니다. 그리고 목록에서 Paddle을
선택합니다.

❸ 게임 점수에 1을 더하기 위해 데이터
스크립트에서 [□을(를) □만큼 바꾸기]
블록을 끌어다가 삽입합니다. 변수는 score를
선택하고 빈칸에는 1을 입력합니다.

❹ 소리 스크립트에서 [□ 재생하기] 블록을
끌어다가 추가합니다. 소리 파일의 이름으로
pop을 선택합니다.

❺ 동작 스크립트에서 [□도 방향 보기] 블록을
끌어다가 추가합니다.

❻ 연산 스크립트에서 (□부터 □사이의 난수)
연산 블록을 끌어다가 [□도 방향 보기] 블록의
숫자 칸에 삽입합니다. 그리고 앞칸에 −60,
뒷칸에 60을 입력합니다.

❼ 지금까지 만든 스크립트 블록을 [bmove만큼
움직이기]와 [벽에 닿으면 튕기기] 블록 사이에
끼워 넣습니다. 그러면 블럭 사이가 벌어지며
삽입될 것입니다.

❽ ⚑ 단추를 클릭해서 프로젝트를 실행합니다. 아무
키나 눌러서 공이 내려오면 왼쪽/오른쪽 화살표
키를 눌러 막아봅니다. 점수 증가도 확인합니다.

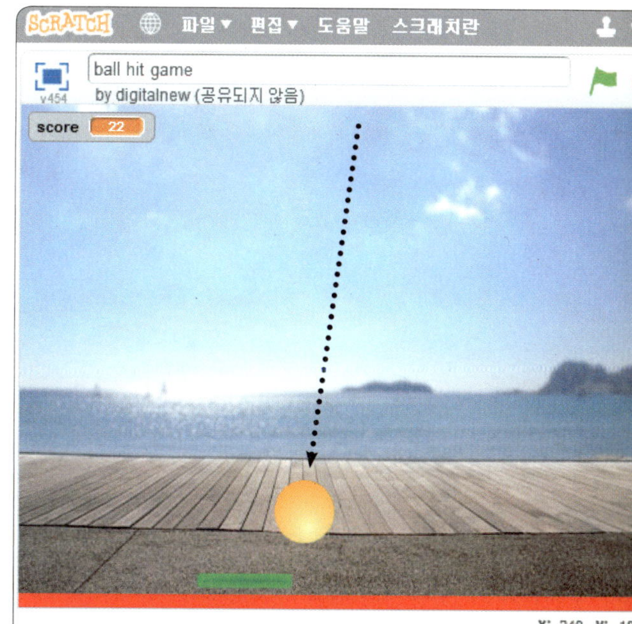

프로젝트 3.3   공 막기 게임 프로젝트

A 공을 막지 못했을 때 실행되는 스크립트 작성하기

내려오는 공을 막지 못해서 공이 배경 그림 아래의 빨간색 선에 닿았을 때
실행되는 스크립트를 작성합니다. 게임 실패 효과음을 들려주고, 메시지를
출력하고, 모든 스크립트의 실행을 멈춥니다.

❶ 제어 스크립트에서 [만약 〈＿〉(이)라면]
블록을 끌어다가 별도로 놓습니다.

❷ 관찰 스크립트에서 〈□색에 닿았는가?〉 블록을
끌어와 [만약 〈＿〉(이)라면] 블록의 육각형
칸에 삽입합니다. 그리고 색깔 상자를 클릭하고
빨간색 선을 클릭해서 빨간색을 선택합니다.

❸ 소리 스크립트에서 [〔＿〕 재생하기] 블록을
끌어다가 삽입합니다. 소리 파일의 이름으로
gong을 선택합니다.

❹ 형태 스크립트에서 [〔＿〕을(를) ◯초만큼
말하기] 블록을 끌어다가 삽입합니다. 앞칸에는
'You Lose!'를 입력하고 뒷칸에는 4를
입력합니다.

❺ 제어 스크립트에서 [모두 멈추기] 블록을
끌어다가 삽입합니다.

❻ 지금까지 만든 스크립트 블록을 [만약 〈＿〉
(이)라면] 블록과 [벽에 닿으면 튕기기] 블록
사이에 끼워 넣습니다.

❼ ⚑ 단추를 클릭해서 프로젝트를 실행합니다.
아무 키나 눌러서 공이 내려오면 막지 말고
실패 효과음과 메시지를 기다려봅니다.

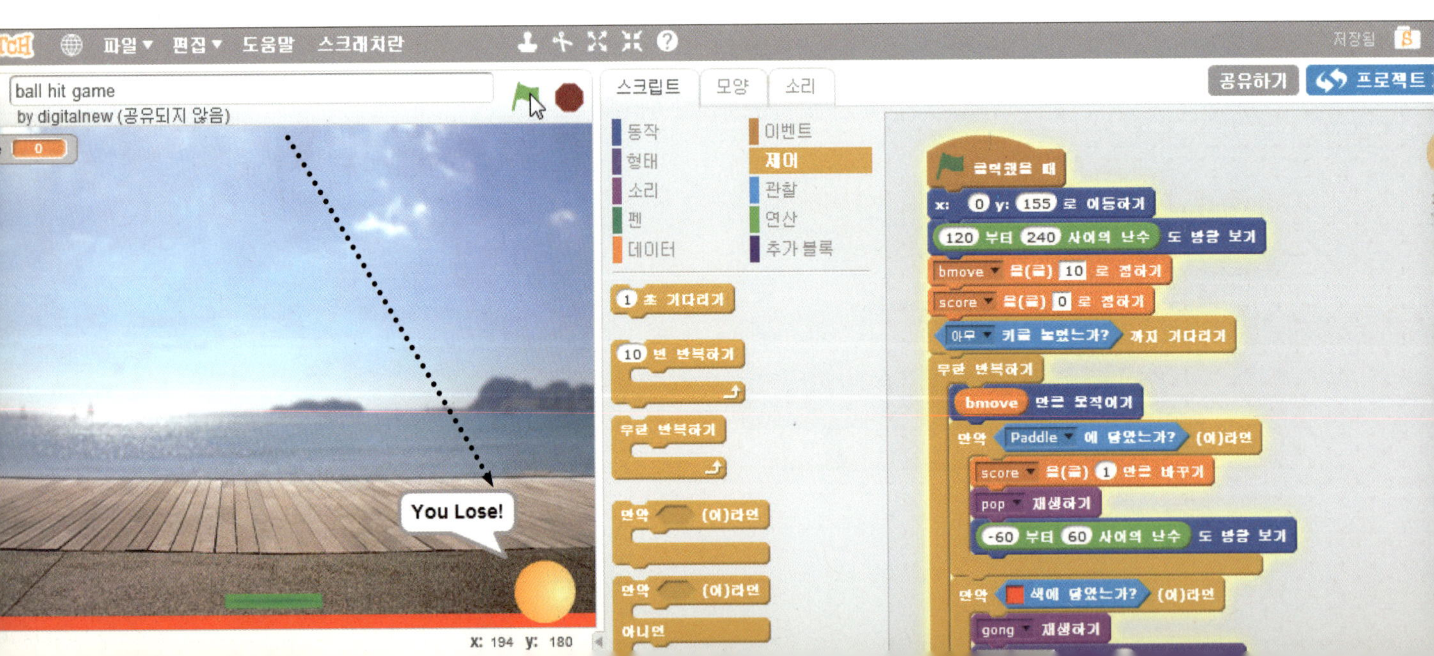

B 목표를 달성했을 때 실행되는 스크립트 작성하기

목표로 한 횟수만큼 공을 막으면 실행되는 스크립트를 작성합니다. 게임
승리 효과음을 들려주고, 메시지를 출력하고, Ball 스프라이트의 다른
스크립트들을 정지시킵니다. 즉, 공이 멈춥니다.

❶ 이벤트 스크립트에서 [⚑ 클릭했을 때] 블록을
끌어서 새로운 스크립트 블록을 시작합니다.

❷ 제어 스크립트에서 [＜　＞까지 기다리기]
블록을 끌어와 추가합니다.

❸ 연산 스크립트에서 ＜□ = □＞ 블록을 끌어다가
[＜　＞까지 기다리기] 블록의 육각형 칸에
삽입합니다. 앞칸에는 데이터 스크립트에서
score 변수 블록을 끌어다가 넣고, 뒷칸에는
10을 입력합니다.

❹ 소리 스크립트에서 [□ 재생하기] 블록을
끌어다가 삽입합니다. 소리 파일의 이름으로
cheer를 선택합니다.

❺ 형태 스크립트에서 [□을(를) □초만큼
말하기] 블록을 끌어다가 삽입합니다.
앞칸에는 'You Win!'을 입력하고 뒷칸에는 2를
입력합니다.

❻ 제어 스크립트에서 [스프라이트에 있는 다른
스크립트 멈추기] 블록을 끌어다가 삽입합니다.

❼ ⚑ 단추를 클릭해서 프로젝트를 실행합니다.
10번을 막아내면 성공 효과음이 들리고 성공
메시지가 나타나는지 확인합니다.

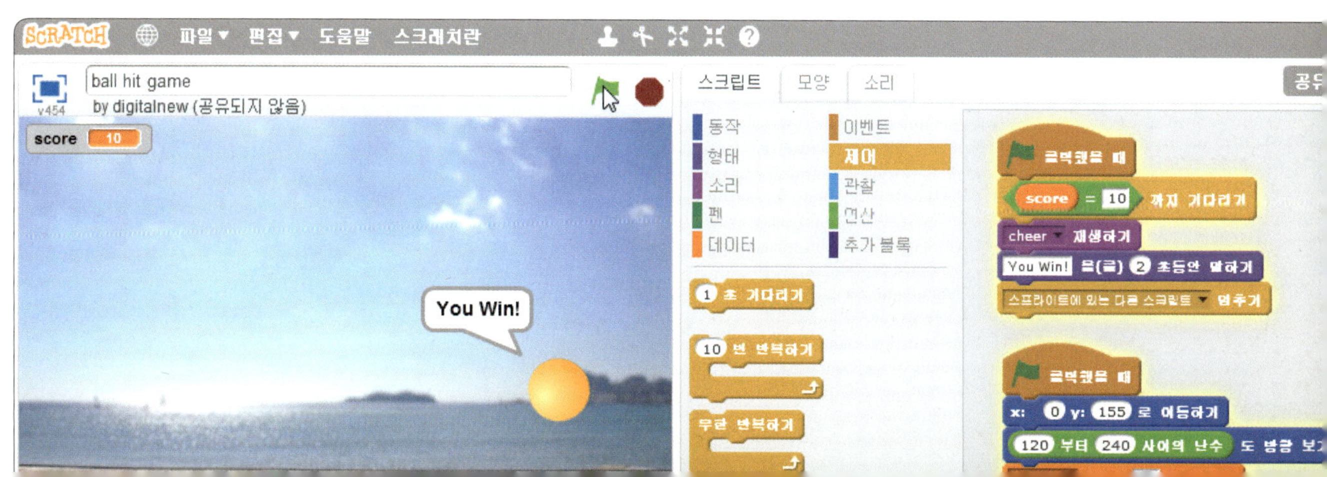

 공 막기 게임 프로젝트 2

앞에서 만든 공 막기 게임에서 녹색 막대를 좌우 화살표 키를 눌러 움직이지 않고
마우스로 움직이도록 고쳐봅니다.

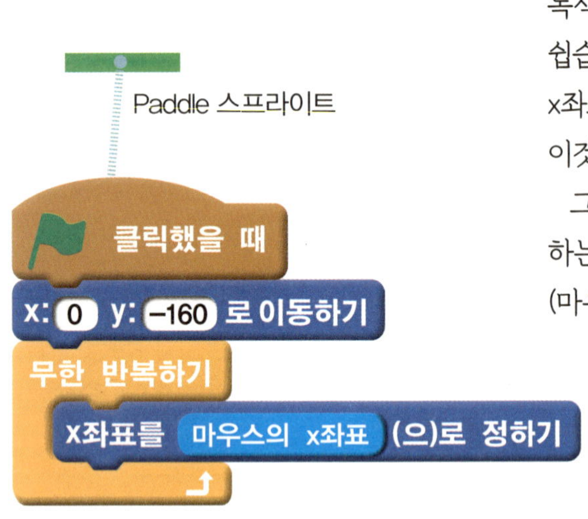

마우스로 막대 스프라이트 움직이기

녹색 막대의 수평 위치를 마우스로 제어하는 것은 아주
쉽습니다. 왼쪽 그림에서 보듯이 Paddle 스프라이트의
x좌표를 마우스 포인터의 x좌표 값으로 만들면 됩니다.
이것을 무한반복하면 됩니다.

그러자면 마우스 포인터의 xy 좌표의 값을 알아야
하는데, 다행히 데이터 스크립트에 있는 (마우스의 x좌표)와
(마우스의 y좌표) 스크립트로 알아낼 수 있습니다.

기존에 있던 스크립트 블록에서 맨 위에 있는 [클릭했을 때] 블록을 떼어내서 작동하지 않도록
합니다(아래 그림 참조). 그리고 왼쪽 그림과
같은 스크립트 블록을 새로 만들고 프로젝트를
실행해봅니다.

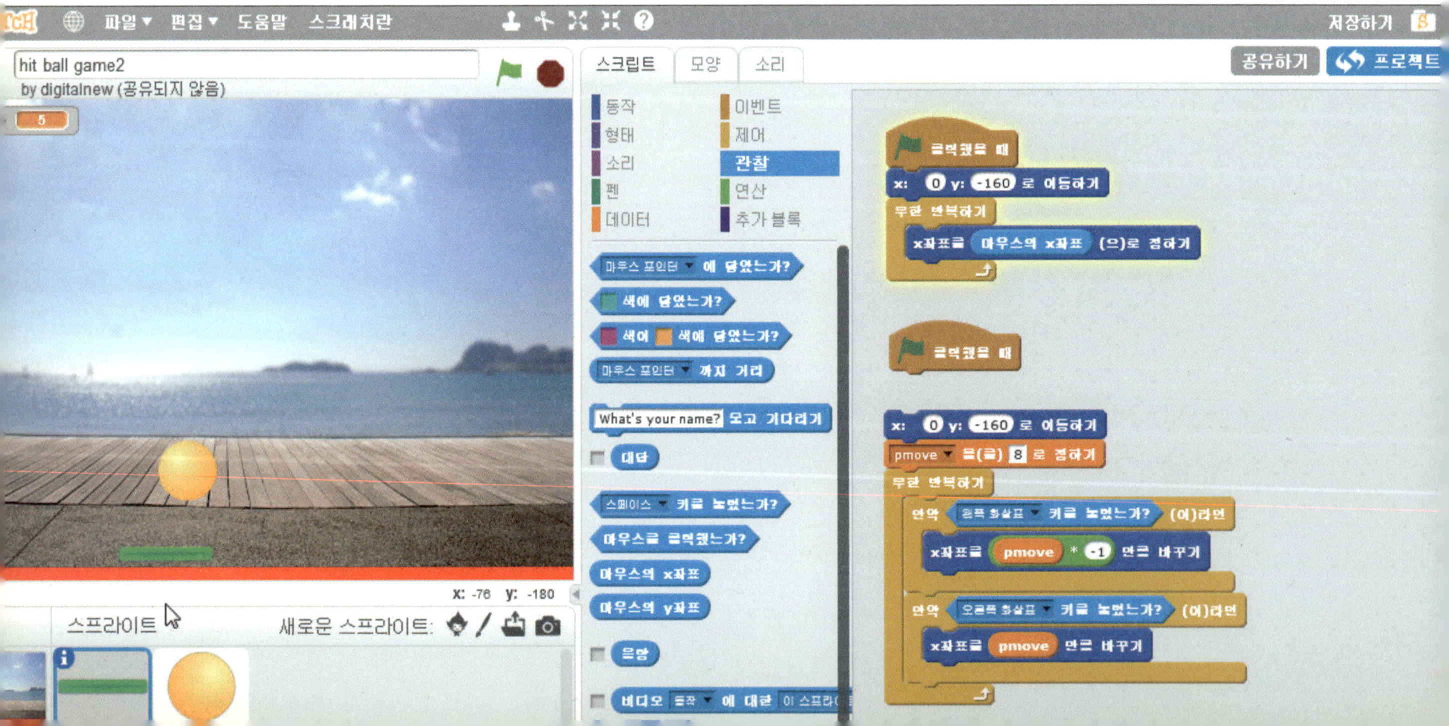

공 막기 게임 프로젝트 3

공에 변화를 일으켜서 공이 움직일 때 시선을 확 끌 수 있도록 고쳐봅니다.
공 스프라이트의 모양을 바꾸는 방법과 색깔 효과를 이용하는 방법이 있습니다.

공 스프라이트의 모양 바꾸기

우리가 사용한 Ball 스프라이트는 무려 5개의 모양을
가지고 있습니다. 따라서 [다음 모양으로 바꾸기] 형태
스크립트를 사용하여 스프라이트의 모양을 계속 바꿔주면
공의 색깔이 계속 변하도록 할 수 있습니다.

  왼쪽 그림처럼 Ball 스프라이트에 새로운 스크립트
블록을 만들면 됩니다. 색깔이 변하는 속도는 [□초
기다리기] 제어 스크립트의 숫자로 조정할 수 있습니다.

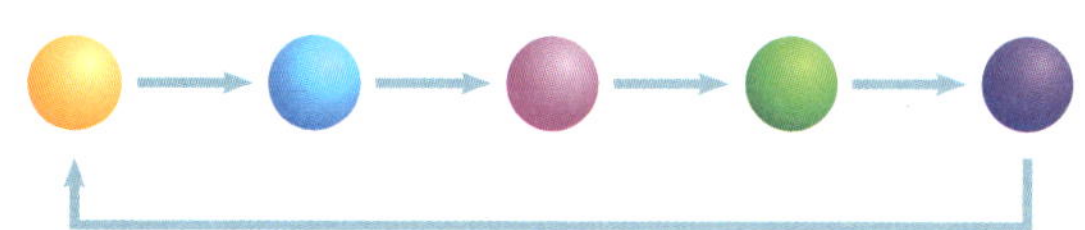

공 스프라이트에 색깔 효과내기

만약 우리가 사용한 공 스프라이트에 모양이 하나뿐이라면
위의 방법으로는 공에 변화를 줄 수 없습니다. 이런
경우에는 [색깔 효과를 □만큼 바꾸기] 형태 스크립트를
사용하여 스프라이트의 색깔을 바꾸면 됩니다.

  왼쪽 그림처럼 Ball 스프라이트에 새로운 스크립트
블록을 만듭니다. [색깔 효과를 □만큼 바꾸기] 형태
스크립트의 숫자를 작게 하면 색깔이 한번에 조금씩
변하고, 크게 하면 많이 변하게 됩니다. 색깔이 변하는
속도는 [□초 기다리기] 제어 스크립트의 숫자로 조정할 수
있습니다.

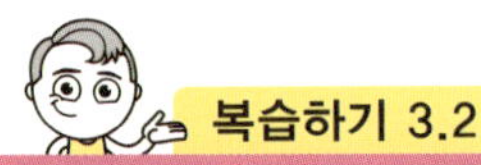
복습하기 3.2

연산 스크립트와 관찰 스크립트 이해하기

제3장의 마지막 복습으로 연산 스크립트와 관찰 스크립트에 대해 복습합니다.
제어 스크립트와 함께 가장 많이 사용되는 스크립트들이므로 정확하게 이해해야
할 필요가 있습니다.

❶ 연산 스크립트의 종류가 아닌 것은 무엇입니까?

① 사칙 연산 스크립트　　　　② 비교 연산 스크립트

③ 논리 연산 스크립트　　　　④ 합체 연산 스크립트

⑤ 난수 스크립트

❷ 관찰 스크립트로 할 수 있는 일이 아닌 것은 무엇입니까?

① 특정한 키가 눌렸는지 확인한다.

② 스프라이트가 벽에 닿았는지 확인한다.

③ 스프라이트가 보이지 않게 되었는지 확인한다.

④ 스프라이트가 특정한 색에 닿았는지 확인한다.

⑤ 스프라이트가 마우스 포인터나 무대의 벽에 닿았는지 확인한다.

❸ 스크립트를 실행하면 스프라이트가 움직이는 거리를 계산하세요.

❹ 관찰 스크립트가 아닌 것은 무엇입니까?

① 마우스의 z좌표

② 공 에 닿았는가?

③ ■ 색에 닿았는가?

④ 아무 키를 눌렀는가?

⑤ 마우스 포인터 에 닿았는가?

❺ 스프라이트를 가장 많이 움직이게 만드는 스크립트 블록은 어떤 것입니까?

①
```
time 을(를) 5 로 정하기
time = 0 까지 반복하기
    5 만큼 움직이기
    time 을(를) -1 만큼 바꾸기
```

②
```
time 을(를) 12 로 정하기
time < 0 까지 반복하기
    4 만큼 움직이기
    time 을(를) -2 만큼 바꾸기
```

③
```
time 을(를) 0 로 정하기
time > 5 까지 반복하기
    5 만큼 움직이기
    time 을(를) 1 만큼 바꾸기
```

④
```
time 을(를) 1 로 정하기
time = 5 까지 반복하기
    10 만큼 움직이기
    time 을(를) 2 만큼 바꾸기
```

제4장 멀티미디어 프로젝트에 도전해요

스크래치 프로그래밍 언어를 그래픽 프로그래밍 언어 혹은 비주얼 프로그래밍 언어라고도 부릅니다. 그 이유는 블록을 결합하는 것처럼 손쉽게 코딩을 할 수 있고, 스크립트가 하는 일을 화면에서 바로 확인할 수 있기 때문입니다. 그런 이유에서 스크래치 프로젝트는 멀티미디어(음악과 그래픽)를 다루는 경우가 많습니다.

4장에서는 지금까지 배우지 않았던 음악을 연주하는 소리 스크립트와 그림을 그리는 펜 스크립트를 다룹니다. 이해하기 어려운 내용이 아니므로 여러분은 이것들을 변수, 제어, 연산, 관찰 스크립트들과 함께 사용하여 놀라운 프로젝트를 만들 수 있습니다. 상상의 나래를 펼치세요~

음악 연주하기

스크래치는 음악을 연주하는 다양한 방법을 제공합니다. 우리는 음악 연주가 담겨 있는 소리 파일을 재생할 수도 있고, 특정 음의 악기 소리를 연주하는 방식을 사용할 수도 있습니다.

스프라이트에 소리 파일 추가하기

소리 탭에서 3가지 방법으로 스프라이트에 소리 파일을 추가할 수 있습니다.

'저장소에서 소리 선택' 단추를 누르면 스크래치가 제공하는 다양한 소리 혹은 음악 파일 중에서 선택하여 추가할 수 있습니다.

컴퓨터에 마이크가 연결되어 있다면 '새로운 소리 기록하기' 단추를 눌러서 직접 소리를 녹음한 파일을 추가할 수 있습니다.

'소리 파일 업로드하기' 단추를 누르면 컴퓨터의 디스크에 저장된 파일들 중에서 하나를 골라 추가할 수 있습니다.

스프라이트에 포함된 모든 소리들이 세로 방향으로 나열됩니다. 듣고 싶은 소리를 클릭하면 오른쪽에 소리 모양이 표시됩니다.

이 삼각형 모양의 단추를 클릭하면 파일에 저장되어 있는 소리(여기에선 고양이 울음 소리)를 들을 수 있습니다.

스프라이트의 소리 파일 재생하기

스프라이트에 포함되어 있는 소리 파일은 아래와 같은 두 종류의 소리 스크립트로 재생할 수 있습니다.

[□ 재생하기] 스크립트는 소리 파일 재생을 시작하고 바로 다음 스크립트를 실행합니다.

[□ 끝까지 재생하기] 스크립트는 소리 파일을 모두 재생한 뒤에야 다음 스크립트를 실행합니다.

목록 단추를 클릭하면 스프라이트에 포함되어 있는 소리 파일들의 이름이 나타나며, 그중에 하나를 선택할 수 있습니다.

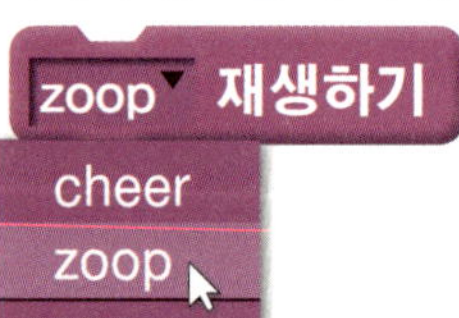

① 음 번호 옆의 목록 단추를 클릭하면 피아노 건반이 나타납니다.

② 피아노 건반에서 음을 선택합니다.

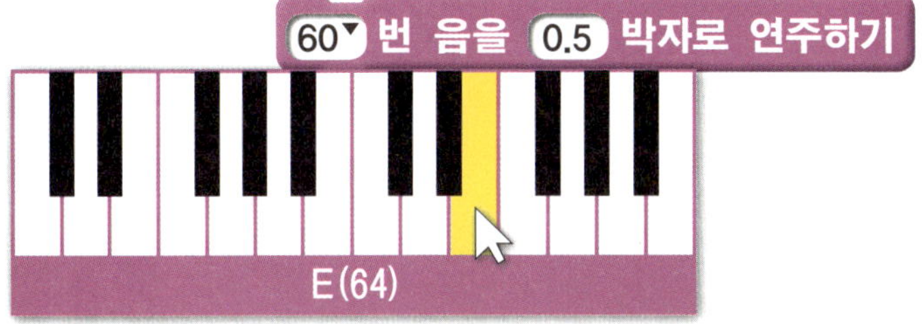

③ 선택한 음의 번호가 입력됩니다.

아래의 스크립트 블록을 실행하면 음 번호 21번부터 50번까지 차례대로 연주합니다. 이것을 테스트해보려면 먼저 note 변수를 만들어야 합니다.

특정 음을 지정한 길이로 연주하기

[◻번 음을 ◻박자로 연주하기] 소리 스크립트를 사용하면 악보의 음을 연주할 수 있습니다. 왼쪽 그림처럼 소리를 낼 음을 피아노 건반을 보며 지정할 수 있습니다. 만약 각 음에 대응되는 숫자를 기억할 수 있다면 첫번째 빈칸에 해당 숫자를 입력해도 됩니다.

연주할 음의 길이는 박자(beat)로 나타냅니다. 이때 박자는 절대적인 값이 아니고 연주 빠르기(템포)에 의해 결정되는 상대적인 값입니다. 현재의 연주 빠르기가 60bpm(beat per minute)이라면 1박자는 1초이므로 0.5박자는 0.5초가 됩니다. 따라서 [60번 음을 0.5박자로 연주하기] 스크립트는 중간 C 음을 0.5초 동안 연주하게 됩니다.

연주 빠르기 정하기

[빠르기를 ◻ bpm으로 정하기]와 [빠르기를 ◻ 만큼 바꾸기] 소리 스크립트로 연주 빠르기를 조정할 수 있습니다. 연주 빠르기는 분당 몇 개의 박자를 둘 것인가로 결정합니다. 따라서 연주 빠르기를 나타내는 숫자가 크면 더 빠른 속도로 연주하게 됩니다. 연주 빠르기를 60bpm으로 정하면 1박자는 1초가 되고, 120bpm으로 정하면 1박자는 0.5초가 됩니다.

연주 빠르기(템포)를 60bpm으로 정합니다.

연주 빠르기를 20bpm 증가시킵니다.

 개구리 피아노 설계하기

스크래치의 음악 연주 기능을 이용하여 피아노 악기를 흉내내는 프로젝트를
만들어 봅니다. 피아노 모양을 그대로 그리는 것보다는 건반을 개구리로
표현합니다. 스크래치가 제공하는 다양한 동물 스프라이트 중에서 여러분이
좋아하는 다른 동물을 선택할 수도 있겠지요.

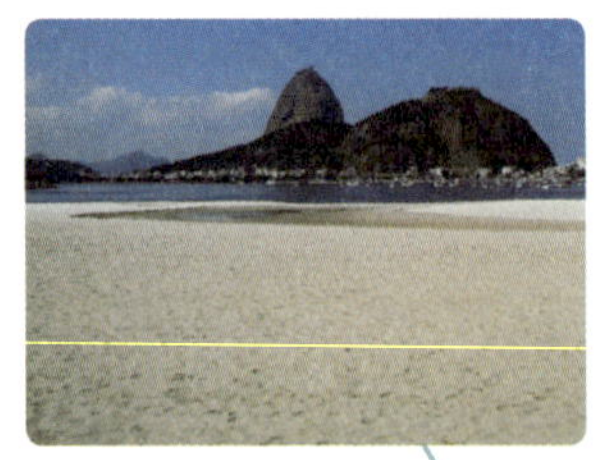

◀ 배경 그림

개구리 피아노
프로젝트의 무대에
사용될 배경 그림

무대

복사하여 만듭니다.

개구리 스프라이트.
피아노 건반의 역할을
합니다.

▼ 스프라이트

개구리 스프라이트를
클릭하면 정해진 음을
연주하면서 모양을 잠시
바꿔줍니다.

이 스프라이트가 클릭될 때
- ↻ 15 도 돌기
- 모양을 frog2▾ (으)로 바꾸기
- 60▾ 번 음을 0.5 박자로 연주하기
- 모양을 frog▾ (으)로 바꾸기
- ↺ 15 도 돌기

◀ 스크립트 1

개구리 스프라이트를 클릭하면
모양을 살짝 회전하면서
다른 모양(혀를 빼낸 모습)을
보여주고 음을 연주한 뒤에
원래의 모습으로 되돌립니다.

이 스프라이트가 클릭될 때
- Do~ (을)를 0.6 초동안 말하기

▲ 스크립트 2

개구리 스프라이트를 클릭하면
계명을 0.6초 동안 표시합니다.

스프라이트의 모양을 바꾸며 음을 연주하는 스크립트

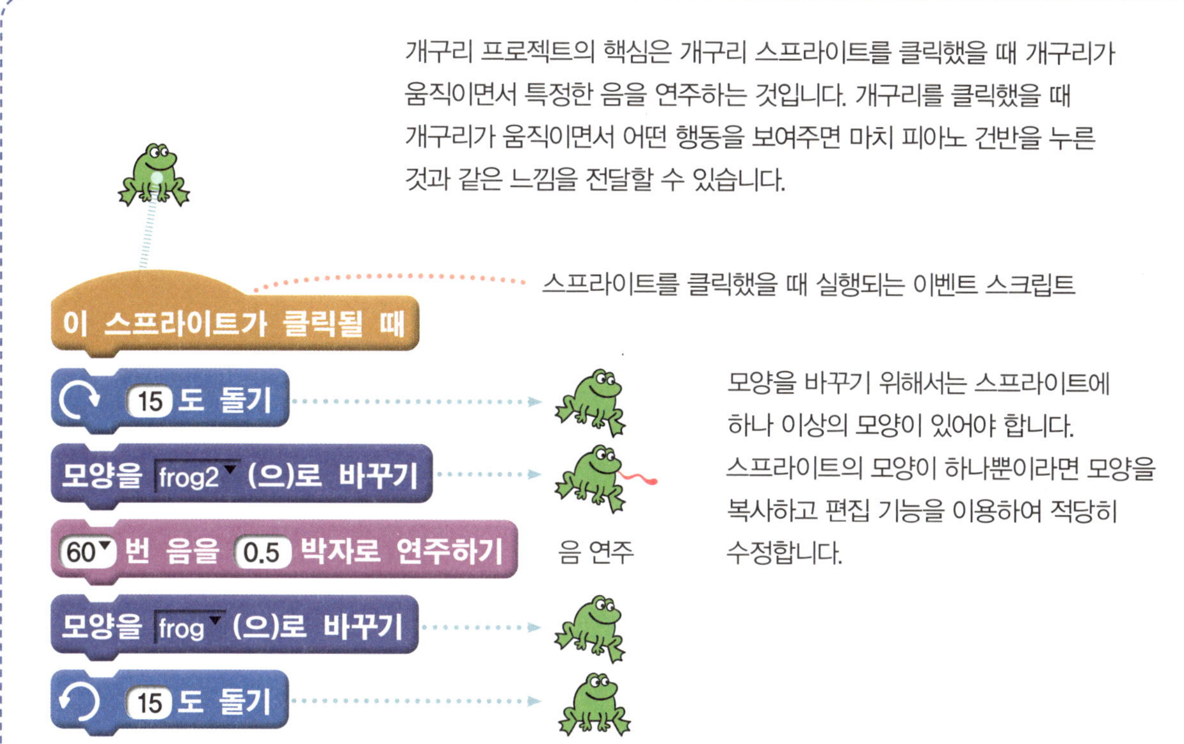

개구리 프로젝트의 핵심은 개구리 스프라이트를 클릭했을 때 개구리가 움직이면서 특정한 음을 연주하는 것입니다. 개구리를 클릭했을 때 개구리가 움직이면서 어떤 행동을 보여주면 마치 피아노 건반을 누른 것과 같은 느낌을 전달할 수 있습니다.

스프라이트를 클릭했을 때 실행되는 이벤트 스크립트

모양을 바꾸기 위해서는 스프라이트에 하나 이상의 모양이 있어야 합니다. 스프라이트의 모양이 하나뿐이라면 모양을 복사하고 편집 기능을 이용하여 적당히 수정합니다.

일정한 시간 동안 메시지를 출력하는 스크립트

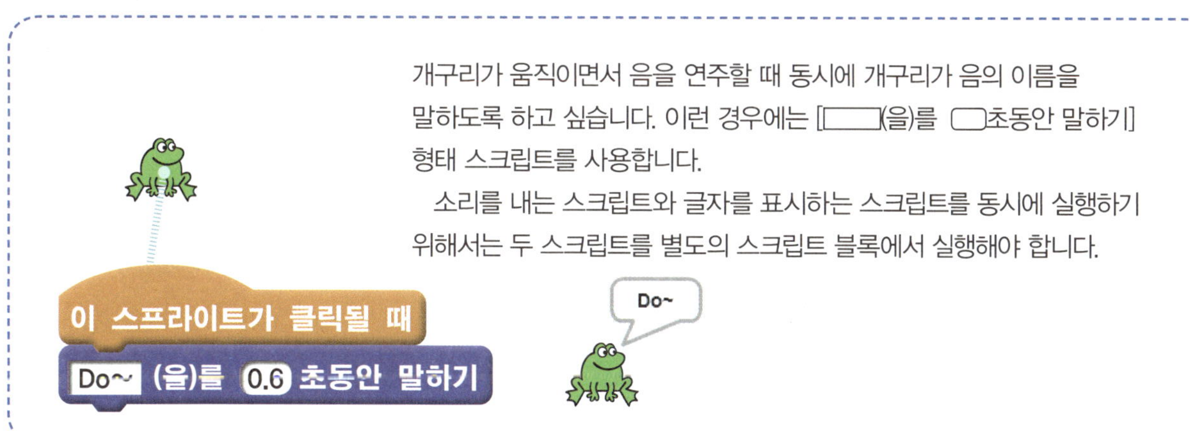

개구리가 움직이면서 음을 연주할 때 동시에 개구리가 음의 이름을 말하도록 하고 싶습니다. 이런 경우에는 [[□□□](을)를 □초동안 말하기] 형태 스크립트를 사용합니다.

소리를 내는 스크립트와 글자를 표시하는 스크립트를 동시에 실행하기 위해서는 두 스크립트를 별도의 스크립트 블록에서 실행해야 합니다.

 개구리 피아노 프로젝트

앞에서 설계한 개구리 피아노 프로젝트를 직접 만들어 봅니다. ① 배경 그림과 개구리 스프라이트 준비, ② 개구리 스프라이트 모양 추가, ③ 개구리 스크립트 작성, ④ 개구리 스프라이트 복사, ⑤ 개구리 스크립트 수정의 순서대로 작업합니다.

1 배경 그림과 개구리 스프라이트 준비하기

새로운 프로젝트를 만들고 배경 그림과 주인공 스프라이트를 삽입합니다. 배경 그림은 바닷가 beach rio, 주인공은 개구리인 Frog입니다.

❶ 새 프로젝트를 시작합니다. 프로젝트의 이름을 'frog piano'로 고쳐줍니다.

❷ 스프라이트 목록에 있는 고양이 스프라이트를 삭제합니다.

❸ [저장소에서 스프라이트 선택] 단추를 클릭합니다.

❹ 스프라이트 저장소 창이 나타나면 왼쪽에서 '동물' 주제를 클릭한 뒤에 화면 오른쪽에서 'Frog'를 찾아 선택하고 확인 단추를 클릭합니다.

❺ 배경 그림을 추가합니다. 무대 아이콘을 클릭하여 선택한 상태에서 [저장소에서 배경 선택] 단추를 클릭합니다.

❻ 배경 저장소 창이 나타나면 왼쪽에서 '자연' 주제를 선택합니다. 그런 뒤에 오른쪽에서 'beach rio'를 선택하고 확인 단추를 클릭합니다.

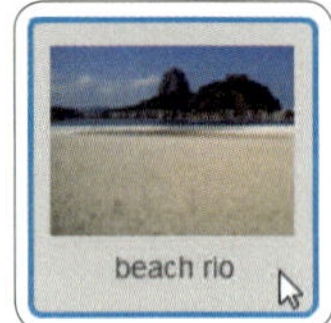

❼ 이것으로 무대와 스프라이트가 준비되었습니다.

2 개구리 스프라이트 모양 추가하기

현재 개구리 스프라이트의 모양은 1개뿐입니다. 그래서 모양을 복사해서
추가하고 원래의 모양은 혀가 보이지 않도록 수정합니다. 이렇게 2개의
모양을 만들면 개구리가 혀를 뻗는 모습을 연출할 수 있습니다.

❶ Frog 스프라이트를 클릭하여 선택한 뒤에 모양
   탭을 클릭하여 오픈합니다.

❷ 개구리 모양 frog를 마우스로 우클릭하거나
   〈Shift〉+클릭하고 '복사' 항목을 선택합니다.

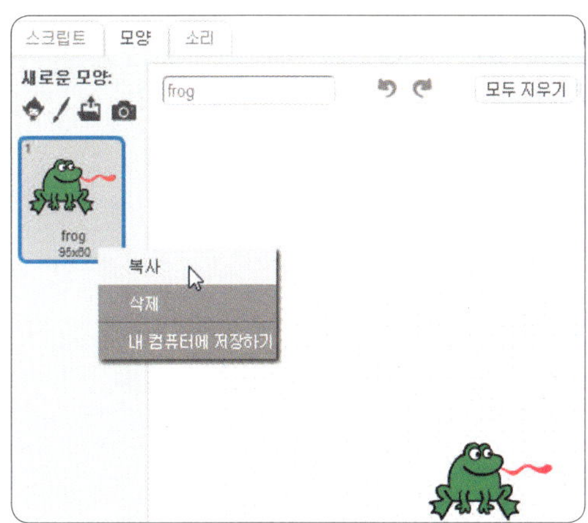

❸ 그러면 복사된 새로운 개구리 모양 frog2가
   나타납니다.

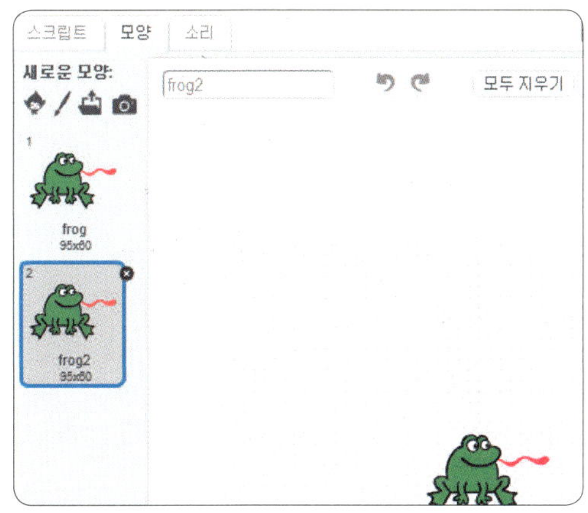

❹ 첫 번째 모양 frog를 선택하고, 오른쪽 아래에 있는
   확대 단추를 두번 눌러서 화면 400%로 확대합니다.

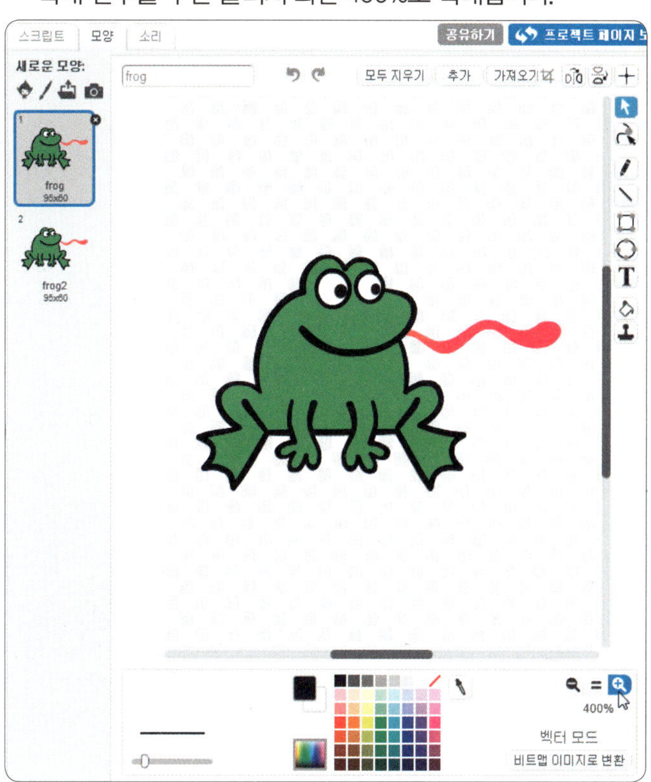

❺ 개구리의 혀를 선택하기 위해 화면 오른쪽에서 '형태
   고치기' 버튼을 클릭하여 선택합니다.

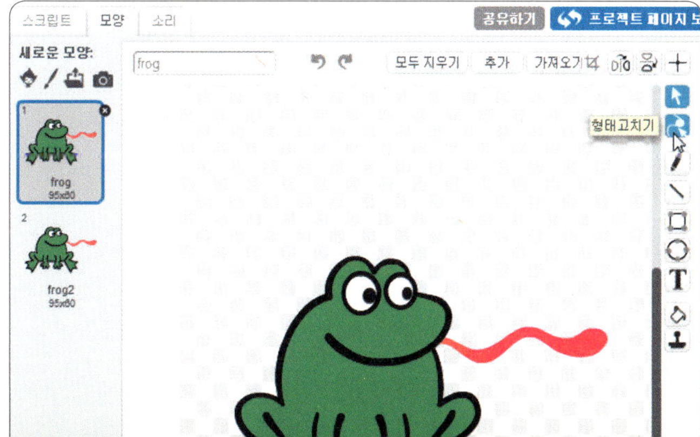

프로젝트 4.1 개구리 피아노 프로젝트

❻ 개구리의 혀를 클릭하여 선택하고 〈Delete〉 키를 눌러 삭제합니다.

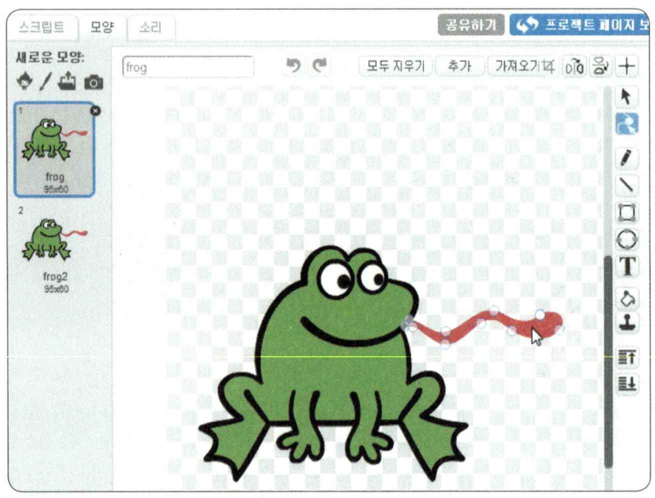

아래와 같은 스크립트 블록을 사용하면 스프라이트를 클릭했을 때 모양이 계속 바뀌게 할 수 있습니다.

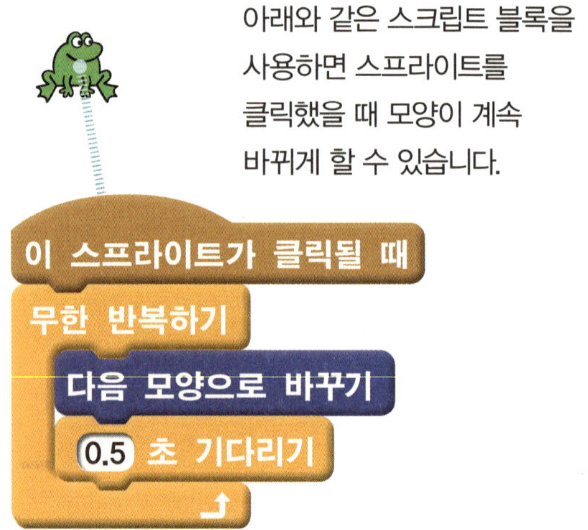

❼ 이제 Frog 스프라이트에는 frog와 frog2, 2개의 모양이 있습니다. 두 번째 모양에만 혀가 보입니다.

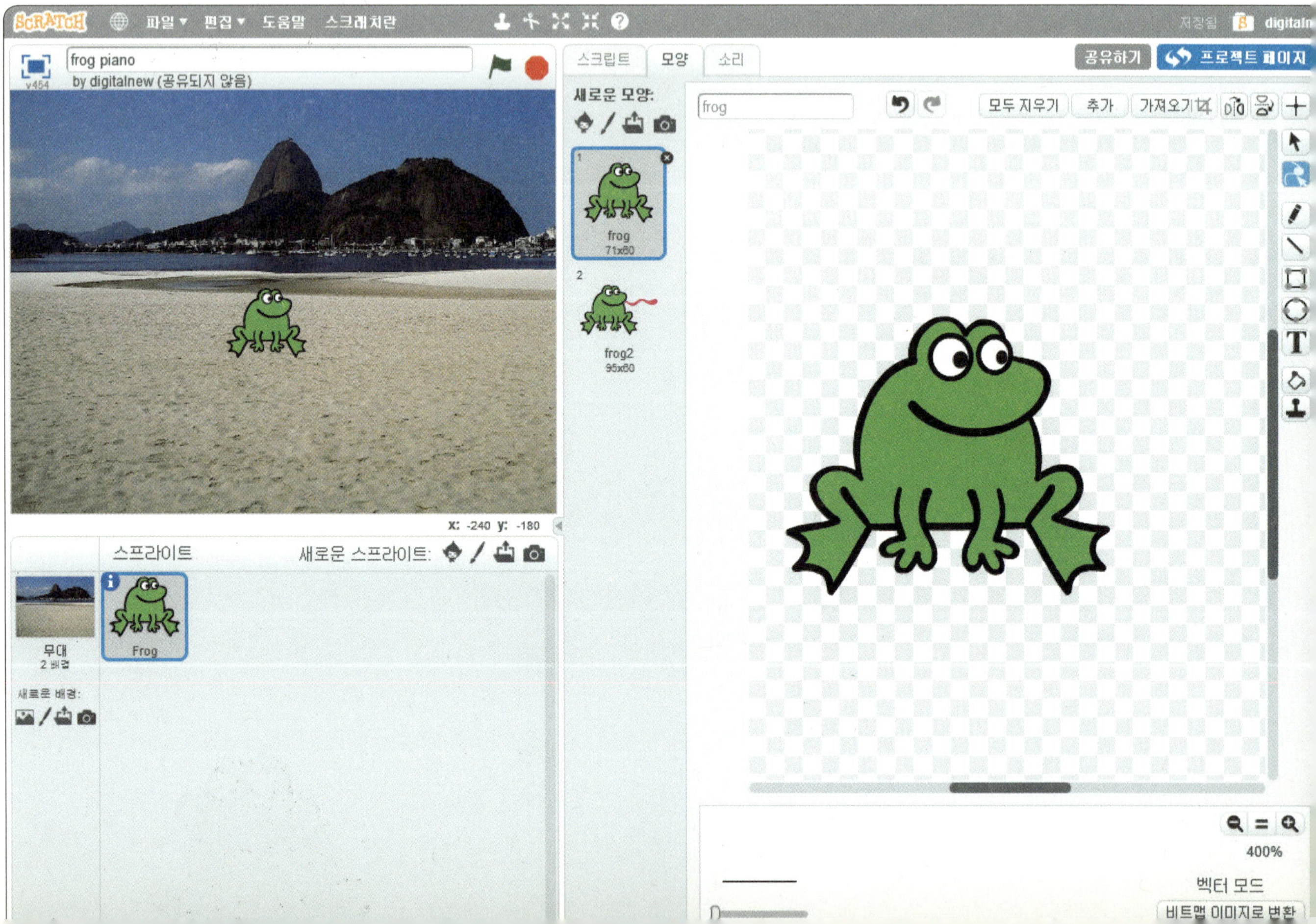

3 개구리를 클릭하면 실행되는 스크립트 작성하기

앞에서 설계한 대로 개구리를 클릭하면 실행되는 2개의 스크립트 블록을
작성합니다. 지금까지 배운 스크립트들을 순차적으로 실행하는 것이기
때문에 그리 어렵지 않습니다.

❶ Frog 스프라이트를 선택한 상태에서 스크립트
　탭을 클릭하여 선택합니다.

❷ 이벤트 스크립트에서 [이 스프라이트가 클릭될
　때] 블록을 끌어옵니다.

❸ 동작 스크립트에 있는 [↻ □도 돌기] 블록을
　끌어와 추가하고 숫자를 15로 고칩니다.

❹ 형태 스크립트에서 [모양을 □(으)로 바꾸기]
　블록을 가져와 추가합니다. 모양 이름이 frog2가
　아니라면 'frog2'로 바꿔줍니다.

❺ 소리 스크립트에서 [□번 음을 □
　박자로 연주하기] 블록을 가져와 추가합니다. 음
　번호는 60, 박자 길이는 0.5로 수정합니다.

❻ 형태 스크립트에서 [모양을 □(으)로 바꾸기]
　블록을 가져와 추가합니다. 모양 이름이 frog가
　아니라면 'frog'로 바꿔줍니다.

❼ 동작 스크립트에 있는 [↺ □도 돌기] 블록을
　끌어와 추가하고 숫자를 15로 고칩니다.

❽ 이벤드 스크립트에서 [이 스프라이트가 클릭될
　때] 블록을 끌어와 새로운 스크립트 블록을
　시작합니다.

Frog 스프라이트

❾ 형태 스크립트에서 [□(을)를 □초동안
　말하기] 블록을 끌어와 추가합니다. 앞 칸에는
　'Do~'를 입력하고, 뒷 칸에는 0.6을 입력합니다.

❿ 이제 무대에 있는 개구리 스트라이프를
　클릭하여 제대로 동작하는지 확인합니다.

4 개구리 스프라이트 복사하기

지금까지 만든 Frog 스프라이트의 크기를 줄인 후에 이름을
바꿉니다. 그러고 나서 7번 복사하여 총 8개의 스프라이트를
만들어 한줄로 배치합니다.

❶ 화면 상단에 있는 5개의 버튼 중에서 도움말
　　버튼 왼쪽에 있는 축소 버튼(❖)을 클릭합니다.

❷ 마우스 포인터가 축소 모양으로
　　바뀌면 개구리 스프라이트 위에
　　올려 놓습니다.

❸ 5번 연달아 눌러서 개구리의 크기를 줄입니다.
　　한번 누를 때마다 5%씩 줄어들기 때문에 원래
　　크기의 75%가 됩니다.

❹ 개구리를 마우스로 무대 왼쪽 아래로 옮긴 뒤에
　　이름을 Frog C('중간 도' 음을 내는 개구리라는
　　뜻입니다)로 수정합니다. 스프라이트 아이콘의
　　왼쪽 위에 있는 파란색 i를 클릭한 뒤에 이름을
　　수정하면 됩니다.

❺ 개구리 스프라이트를 마우스로 우클릭하거나
　　〈Shift〉+클릭하고 '복사' 항목을 선택합니다.

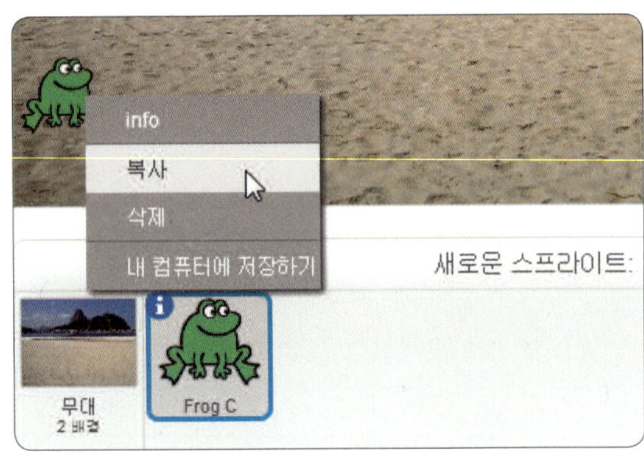

❻ Frog 스프라이트가 복사되어 FrogC2
　　스프라이트가 만들어집니다. ❺를 7번 반복하여
　　8개의 개구리를 만들고 일렬로 배치합니다.

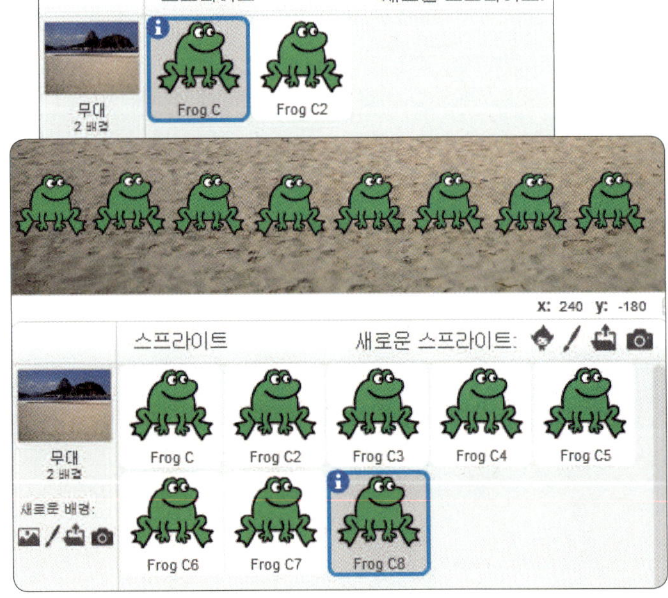

5 개구리 스프라이트의 스크립트 수정하기

복사하여 만든 Frog 스프라이트들의 스크립트 중 일부를
수정합니다. 음을 연주하는 부분과 음계를 표시하는 부분을
수정하면 됩니다.

❶ 두 번째 스프라이트의 이름을 Frog D로
바꿉니다. 같은 방법으로 스프라이트의 이름을
Frog E, Frog F, Frog G, Frog A, Frog B, Frog
C2로 수정합니다.

❷ Frog D 스프라이트를 선택하고 스크립트 탭을
선택합니다.

❸ 첫 번째 스크립트 블록의
[60번 음을 0.5박자로 연주하기] 스크립트에서
음의 번호를 62로 수정합니다.

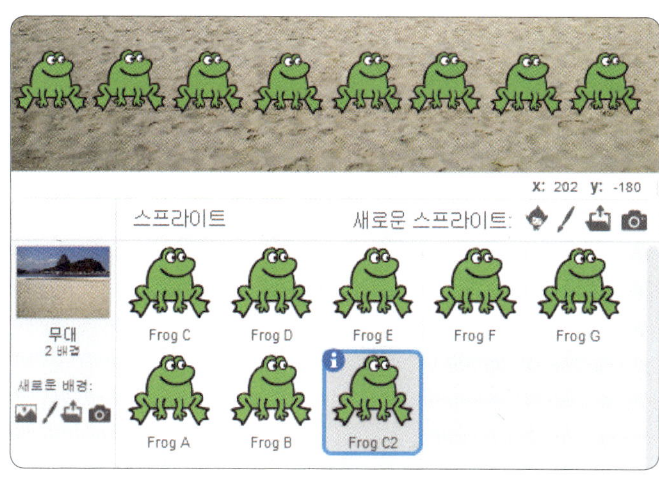

❻ Frog E(64, Mi~), Frog F(65, Fa~), Frog G(67, Sol~),
Frog A(69, La~), Frog B(71, Si~), Frog C2(72,
Do~)에 대해서도 ❷~❺의 작업을 반복합니다. 괄호
안의 내용은 음 번호와 메시지 내용입니다.

❹ 두 번째 스크립트 블록의 [Do~(을)를
0.6초동안 말하기] 스크립트에서 메시지의
내용을 'Re~'로 수정합니다.

❺ 무대에서 두 번째 개구리(Frog D)를 마우스로
클릭히여 '레' 음이 연주되고 'Re~'가
표시되는지 확인합니다. (오른쪽 그림)

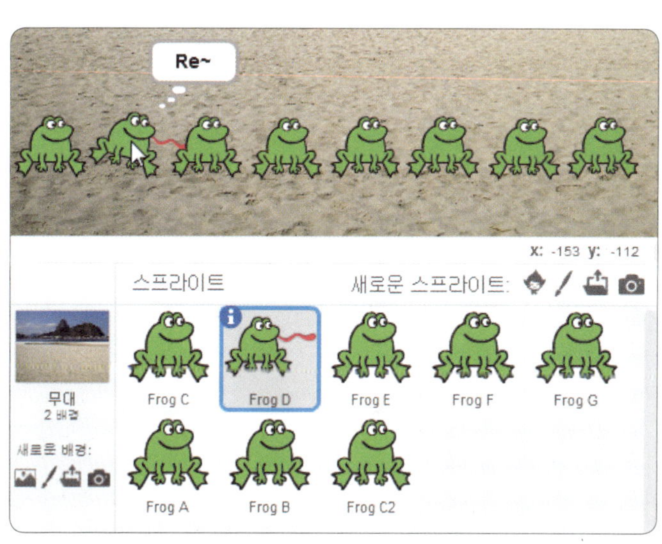

 개구리 피아노 프로젝트 2

스크래치는 음악을 연주하는 악기를 21가지나 제공합니다. 앞에서 만든 개구리
피아노 프로젝트를 고쳐서 언제라도 악기의 종류를 바꿀 수 있도록 합시다. 그러기
위해서는 악기의 종류를 나타내는 변수를 만들어야 합니다.

연주할 악기 종류를 지정하는 스크립트

소리 스크립트에 있는 [□번 악기로 정하기]
스크립트는 21가지의 악기 중 하나를 선택하는
명령입니다. 이렇게 선택한 악기는 [□번 음을 □
박자로 연주하기] 소리 스크립트에서 사용됩니다.

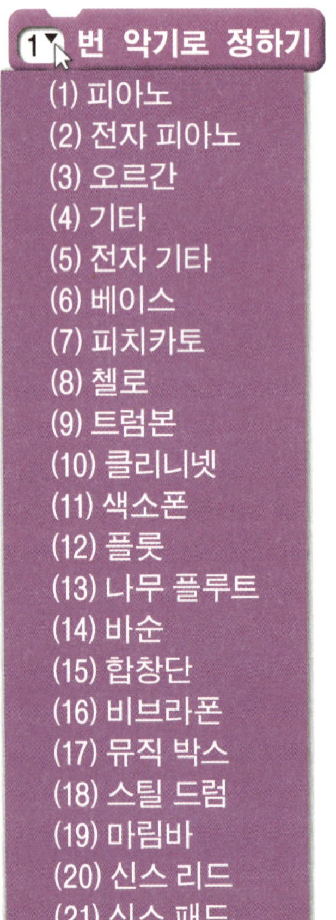

❶ 데이터 스크립트에서 모든 스프라이트에서
사용할 수 있는 '악기' 변수를 만들고 체크
표시를 해서 무대에 변수의 값이 보이도록
만듭니다.

❷ 무대에서 '악기' 변수 표시창을 마우스로
우클릭하거나 〈Shift〉+클릭하고 '슬라이더
사용하기' 항목을 선택합니다.

❸ '악기' 변수 창이 슬라이드 형식으로 바뀌면 다시 한번 마우스로 우클릭하거나 〈Shift〉+클릭하고 '슬라이더의 최대값과 최소값 정하기' 항목을 선택합니다.

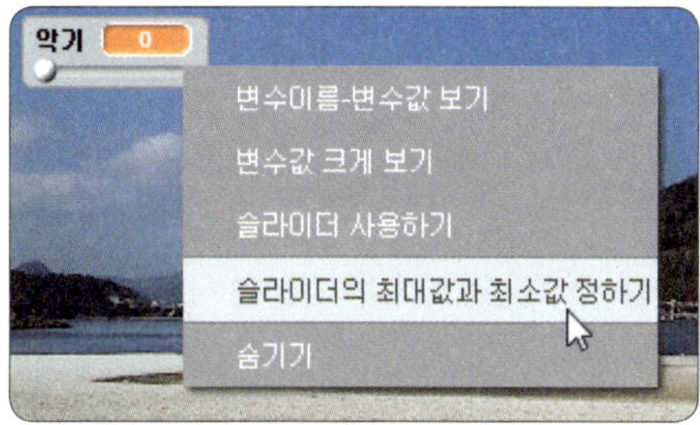

❹ 아래와 같이 화면 중앙에 슬라이더 범위를 결정하는 대화상자가 나타납니다. 최소값은 1, 최대값은 21로 고치고 확인 버튼을 클릭합니다.

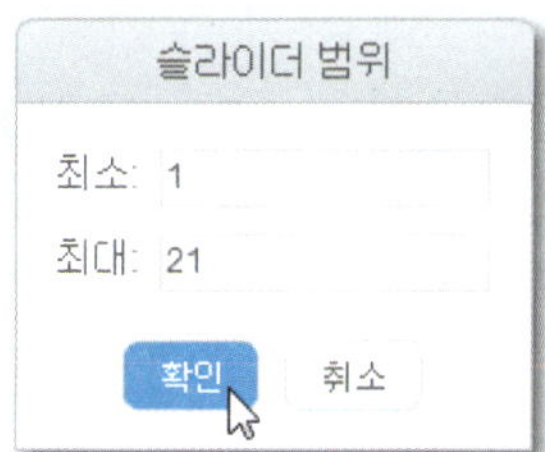

❺ 이제 첫 번째 스프라이트 Frog C를 클릭하여 선택하고 스크립트들을 보기 위하여 스크립트 탭을 클릭합니다.

❻ 보라색 소리 스크립트를 클릭하여 선택합니다. 나열된 소리 스크립트들 중에서 중간 쯤에 있는 [○번 악기로 정하기] 스크립트를 찾습니다.

❻ [○번 악기로 정하기] 스크립트를 끌어다가 아래 그림처럼 [60번 음을 0.5박자로 연주하기] 위에 삽입합니다.

❼ 데이터 스크립트에서 '악기' 변수 스크립트를 끌어다가 [○번 악기로 정하기] 스크립트의 숫자 칸에 삽입합니다.

❽ '악기' 변수 창의 슬라이드를 마우스로 움직여서 악기 번호를 바꾸고 무대에 있는 Frog C 스프라이트를 클릭해서 악기 소리가 달라졌는지 확인합니다.

❾ 나머지 개구리 스프라이트들에 대해서도 ⑤~⑧의 작업을 반복합니다.

❿ 이제 악기 슬라이더를 바꿔가며 개구리를 클릭해서 연주를 해봅니다.

펜으로 그림 그리기

스크래치는 프로그래밍으로 그림을 그리는 방법도 제공합니다. 스프라이트의
중심 위치에 펜이 있다고 생각하고 스프라이트를 움직이면 그 궤적을 따라 선이
그려지는 것입니다. 스프라이트를 그림 그리는 로봇이라고 생각해보세요.

펜 내리고 올리기

아래의 펜 스크립트들은 펜을 내리고 올리는
일을 합니다. 펜을 내리면 그때부터 스프라이트가
움직일 때 선이 그려집니다. 그리기를 멈추려면
펜을 올려야 합니다.

`펜 내리기` `펜 올리기`

펜으로 그린 그림 모두 지우기

[펜 내리기] 스크립트를 실행한 이후에
스프라이트가 움직이면서 그려진 그림은 [지우기]
스크립트를 실행하면 싹 지워집니다. 보통 처음에
이 스크립트를 실행하여 무대를 깨끗히 지웁니다.

`지우기`

펜의 색깔 변경하기

아래의 펜 스크립트들을 사용하여 펜의 색깔을
특정한 색으로 지정할 수 있습니다. 사각 상자를
클릭하면 마우스 포인터가 손가락 모양으로
바뀌는데 이때 스크래치 화면에서 원하는 색깔을
클릭하면 색깔을 선택할 수 있습니다.

`펜 색깔을 ■ (으)로 정하기`

`펜 색깔을 0 (으)로 정하기`

`펜 색깔을 10 만큼 바꾸기`

펜의 색깔은 번호로도 지정할 수 있습니다.
0은 빨간색, 70은 녹색, 130은 파란색, 170은
보라색(magenta), 200이 되면 다시 빨간색이 됩니다.

0	70	130	170	200
빨간색	녹색	파란색	보라색	빨간색

펜의 굵기 변경하기

펜의 굵기를 지정하거나 늘리는 펜 스크립트는
아래와 같습니다.

`펜 굵기를 1 (으)로 정하기`

`펜 굵기를 1 만큼 바꾸기`

펜의 명암 변경하기

펜 색깔의 밝고 어두운 정도(명암)를
지정하거나 변경할 수 있습니다. 0이 가장
어둡고 100이 가장 밝은 상태입니다.

`펜 명암을 50 (으)로 정하기`

`펜 명암을 10 만큼 바꾸기`

0	50	100
	초기값	

정삼각형 그리기

아래의 스크립트 블록은 펜 스크립트를 이용하여
정삼각형을 그립니다. 120˚는 360˚를 3으로 나눈 값입니다.

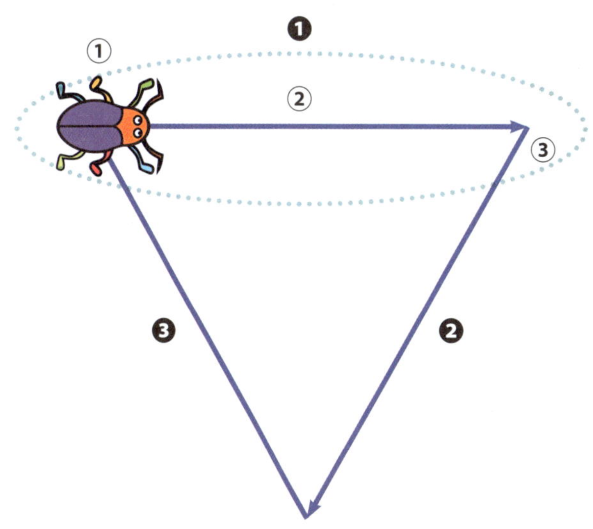

정사각형 그리기

아래의 스크립트 블록은 펜 스크립트를 이용하여
정사각형을 그립니다. 90˚는 360˚를 4로 나눈 값입니다.

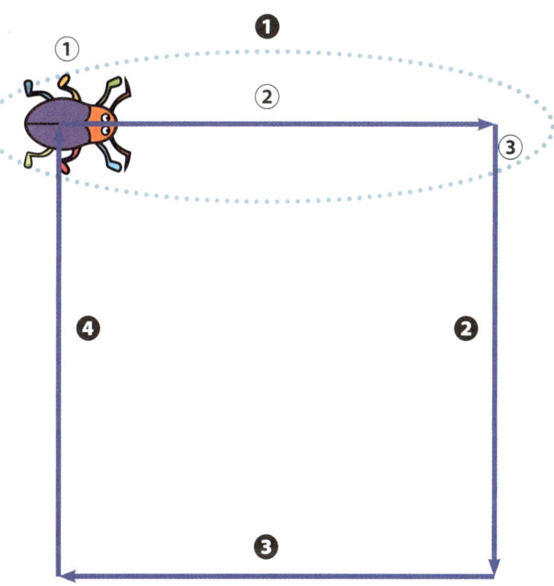

정다각형 그리기 설계하기

펜 스크립트를 이용하여 정삼각형과 정사각형을 그리는 방법을 알아보았습니다.
그런데 하나의 프로젝트로 삼각형이든 오각형이든 사용자가 원하는 정다각형을
그릴 수 있게 할 수는 없을까요? 변수를 이용하면 가능합니다.
　이 프로젝트에서는 펜 스크립트 외에도 키보드로 입력한 내용을 변수에
저장하는 방법, 변수를 사용하여 하나의 스크립트 블록으로 여러 종류의
정다각형을 그리는 방법을 배웁니다.

펜을 끌고 다니는
딱정벌레 스프라이트.

▼ 스프라이트

정다각형을 그려주는 스크립트 블록.

스크립트 ▼

무대

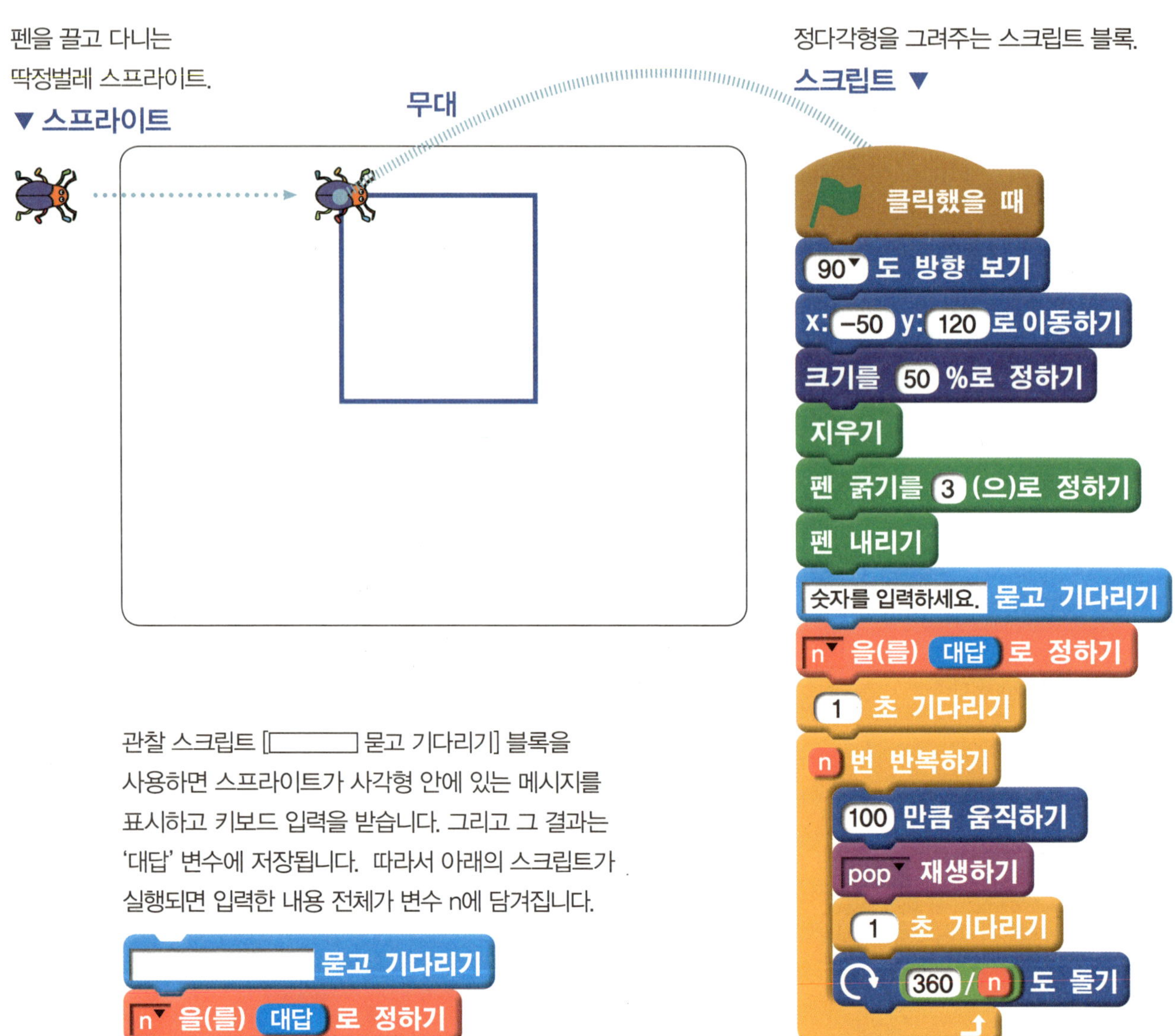

관찰 스크립트 [＿＿＿＿] 묻고 기다리기] 블록을
사용하면 스프라이트가 사각형 안에 있는 메시지를
표시하고 키보드 입력을 받습니다. 그리고 그 결과는
'대답' 변수에 저장됩니다. 따라서 아래의 스크립트가
실행되면 입력한 내용 전체가 변수 n에 담겨집니다.

 **참고하세요**

정다각형을 그리는 알고리즘

딱정벌레가 정다각형을 다 그리면 원래 있던 자리로 되돌아와야 합니다. 그러기 위해서는 360도 회전을 해야 하죠. 그러니까 딱정벌레가 정삼각형을 그리려면 꼭지점마다 360/3=120도, 정사각형을 그리려면 꼭지점마다 360/4=90도 회전해야 합니다. 즉, 꼭지점에서의 회전 각도는 '360÷n'이 됩니다.

① 딱정벌레의 방향, 처음 위치, 크기를 정합니다.

- 방향 = 90도(오른쪽)
- 시작 위치 = (−50,120)
- 크기 = 50%

② 펜을 준비합니다.

- 초기화
- 펜 굵기 = 3
- 펜 내리기

③ 숫자를 입력받아 보관합니다.

- 키보드 입력을 받습니다.
- 입력받은 내용을 변수 n에 보관합니다.

④ 1초 기다립니다.

⑤ 다각형의 각 변을 그립니다.

- 현재 방향으로 전진하여 선을 그립니다.
- 짧은 효과음을 냅니다.
- 1초 기다립니다.
- 다음 변을 그리기 위해 회전합니다.

⑥ n번 반복

 정다각형 그리기 프로젝트

앞에서 설계한 정다각형 그리기 프로젝트를 직접 만들어 봅니다. ① 딱정벌레 스프라이트 추가, ② 변수 추가, ③ 준비작업 스크립트 작성, ④ 입력 스크립트 작성, ⑤ 정다각형 그리기 스크립트 작성의 순서대로 작업합니다.

1 딱정벌레 스프라이트 추가하기

새로운 프로젝트를 만들고 주인공 스프라이트를 삽입합니다. 주인공은 딱정벌레인 Beetle입니다.

❶ 새 프로젝트를 시작합니다. 프로젝트의 이름을 'polygon'(다각형)로 고쳐줍니다.

❷ 스프라이트 목록에 있는 고양이 스프라이트를 삭제합니다.

❸ [저장소에서 스프라이트 선택] 단추를 클릭합니다.

❹ 스프라이트 저장소 창이 나타나면 왼쪽에서 '동물' 주제를 클릭한 뒤에 화면 오른쪽에서 'Beetle'을 찾아 선택하고 확인 단추를 클릭합니다.

❺ 만약 원한다면 배경 그림을 추가합니다.

2 변수 만들기

스크립트를 작성하기 전에 우선 데이터 스크립트에서 1개의 변수를 만듭니다. 이 변수는 그리고자 하는 다각형의 꼭지점 수를 나타냅니다.

❶ Beetle 스프라이트를 선택한 상태에서 스크립트 탭을 클릭하여 선택합니다.

❷ 데이터 스크립트를 선택하고, 그 아래에 나타나는 [변수 만들기] 단추를 클릭합니다.

❸ 새로운 변수 창이 나타나면 변수 이름 칸에 'n'을 입력하고 확인 단추를 클릭합니다.

❹ n 변수가 만들어져 표시됩니다. 변수 왼쪽에 체크가 표시되어 있지 않으면 클릭하여 표시되도록 합니다.

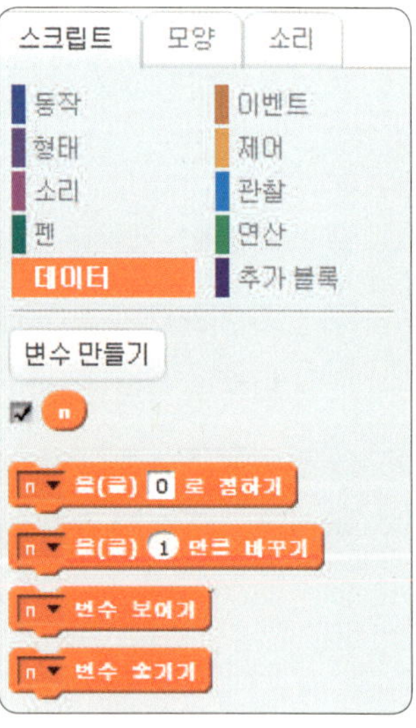

3 준비작업 스크립트 작성하기

우선 딱정벌레 스프라이트의 방향과 위치, 크기를
정합니다. 그리고 펜을 쓰기 위한 준비 작업을
합니다. 필요하다면 펜의 색깔도 지정합니다.

❶ 이벤트 스크립트에 있는 [🏳 클릭했을 때]
블록을 끌어다 놓습니다.

❷ 동작 스크립트에 있는 [☐도 방향 보기] 블록을
끌어와 추가하고 숫자를 90으로 고칩니다.

❸ 동작 스크립트에 있는 [x:☐ y:☐로 이동하기]
블록을 끌어와 추가하고 −50, 120을
입력합니다.

❹ 형태 스크립트에 있는 [크기를 ☐%로 정하기]
블록을 끌어와 추가하고 50으로 수정합니다.
스프라이트의 크기가 너무 커서 적당한 크기로
줄이기 위함입니다.

❺ 펜 스크립트에서 [지우기] 블록을 가져와
추가합니다.

❻ 펜 스크립트에서 [펜 굵기를 ☐(으)로 정하기]
블록을 끌어와 추가하고 숫자를 3으로
고칩니다.

❼ 펜 스크립트에서 [펜 내리기] 블록을 끌어와
추가합니다.

4 입력 스크립트 작성하기

그리고 싶은 다각형의 꼭지점 수를 입력받기
위해 [☐☐☐☐ 묻고 기다리기] 스크립트와 [대답]
변수를 사용합니다.

❶ 관찰 스크립트에서 [☐☐☐☐ 묻고 기다리기]
블록을 끌어와 추가합니다. 사각형 상자에
'숫자를 입력하세요.'를 입력합니다.

❷ 데이터 스크립트에서 [☐을(를) ☐로 정하기]
블록을 끌어와 추가합니다.

❸ 관찰 스크립트에 있는 [대답] 변수를 끌어와
[☐을(를) ☐로 정하기] 블록의 두 번째 칸에
삽입합니다.

5 정다각형 그리기 스크립트 작성하기

이제 정다각형을 그리는 핵심 부분을 작성합니다. [n번 반복하기] 제어 스크립트를 이용하여 정다각형의 각 변을 그립니다.

❶ 제어 스크립트에 있는 [1초 기다리기] 블록을 끌어다 추가합니다.

❷ 제어 스크립트에 있는 [□번 반복하기] 블록을 끌어와 추가합니다.

❸ 데이터 스크립트에 있는 변수 n 블록을 끌어와 [□번 반복하기]의 숫자 칸에 삽입합니다.

❹ 동작 스크립트에 있는 [□만큼 움직이기] 블록을 끌어와 [n번 반복하기] 블록 내부에 삽입하고 숫자를 100으로 수정합니다.

❺ 소리 스크립트에서 [pop 재생하기] 블록을 가져와 추가합니다.

❻ 제어 스크립트에 있는 [1초 기다리기] 블록을 끌어다 추가합니다.

❼ 동작 스크립트에 있는 [↻ □도 돌기] 블록을 끌어와 추가합니다.

❽ 연산 스크립트에서 (□ / □) 블록을 끌어와 [↻ □도 돌기]의 숫자 칸에 삽입합니다.

❾ (□ / □) 블록의 앞칸에 '360'을 입력하고, 뒷칸에는 데이터 스크립트의 변수 [n] 블록을 삽입합니다.

❿ 이제 프로젝트를 실행합니다. 그리고 3에서 9 사이의 숫자(더 큰 숫자를 입력하면 무대 가장자리를 건드리게 됩니다)를 입력하여 정다각형이 잘 그려지는지 확인합니다.

 무지개 정다각형 그리기 프로젝트

프로그램을 만든 뒤에 그것을 어떻게 하면 개선할 수 있을까 생각하는 것은 좋은 습관입니다. 예를 들면, 정다각형을 그릴 때 각 변을 하나의 색깔이 아닌 무지개 색깔로 그릴 순 없을까요?

색깔을 바꾸면서 그리는 방법

왼쪽 페이지의 스크립트 블록에서 다각형의 한 변을 그리는 것은 [100만큼 움직이기] 스크립트입니다. 다각형의 한 변을 여러 색깔로 표현하려면 딱정벌레를 한번에 움직이지 않고 여러 번에 걸쳐 나누어 움직여야 합니다.

　[100만큼 움직이기] 블록을 빼고 왼쪽의 스크립트 블록을 넣으면 아래와 같이 정다각형의 한 변을 무지개처럼 다양한 색깔로 그릴 수 있습니다. 2만큼 50번 움직이면 100의 거리를 움직이게 되고, 4씩 50번 변화시키면 펜의 색깔이 200만큼 변화하게 됩니다.

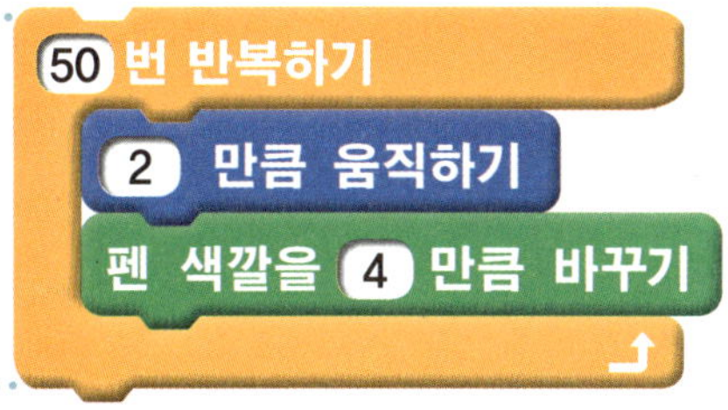

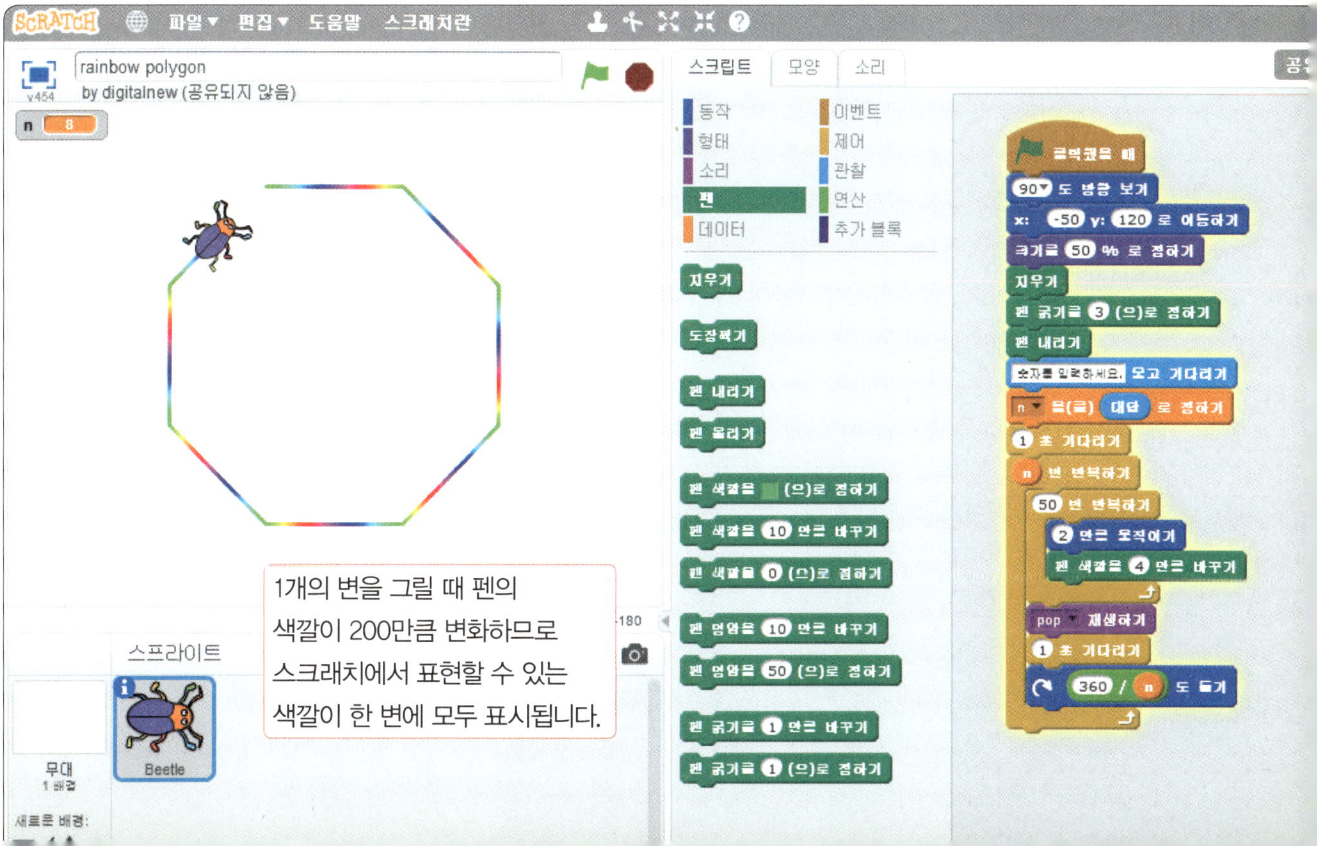

1개의 변을 그릴 때 펜의 색깔이 200만큼 변화하므로 스크래치에서 표현할 수 있는 색깔이 한 변에 모두 표시됩니다.

화가 레이디버그 설계하기

이번에는 화가가 캔버스에 그림을 그리는 것처럼 자유롭게 선을 그리는 방법을 소개합니다. 스프라이트가 자유롭게 움직이는 것은 난수 스크립트를 이용하면 됩니다. 그런데 그것만으로는 마치 사람이 색칠하듯이 자연스러운 느낌을 줄 수 없습니다. 그래서 선의 굵기, 색깔, 명암도 변화시켜야 합니다.

무대

펜을 끌고 다니는
레이디버그 스프라이트.

▼ **스프라이트**

레이디버그가 자유롭게
화면을 돌아다니도록
만드는 스크립트 블록.

▼ **스크립트**

스프라이트가 한번 움직인 다음에 회전할 각도는 난수 연산 스크립트를 사용하여 결정합니다. 그래야 선이 자연스럽게 꺾입니다. 단, 회전 각도가 너무 크면 갑자기 꺾여 뾰족하게 되므로 부드러운 선을 그리려면 회전 각도가 크지 않아야 합니다.

펜의 굵기를 일정한 범위 내에서 변경하는 스크립트

변수 thick는 펜의 굵기를, 변수 change는 펜의 굵기가 한번에 변화하는 크기를 나타냅니다. [무한 반복하기] 제어 스크립트가 실행될 때마다 펜의 굵기(thick)는 change만큼 커집니다(thick+change).

처음에는 1씩 커지게 됩니다. 그러다가 51이 되면 change가 −1이 되고, 다음부터는 선의 굵기가 1씩 줄어듭니다. 그러다가 4가 되면 change는 다시 1이 되서 다음부터는 선의 굵기가 1씩 늘어납니다.

- 선의 굵기가 변수 change만큼 커집니다.
- 선의 굵기가 50보다 커지면
- 변수 change를 −1로 바꿉니다.
- 선의 굵기가 5보다 작아지면
- 변수 change를 1로 바꿉니다.

펜의 색깔과 명암을 굵기에 따라 변경하는 스크립트

펜의 색깔과 명암의 값을 계속 바꿔주는 스크립트를 실행하면 레이디버그가 그리는 선이 다채로운 색깔과 농도로 표현됩니다.

문제는 색깔과 명암의 값을 바꿀 때 얼마만큼 바꾸느냐 하는 것입니다. 여러 가지 방법이 있습니다. 일정한 수치를 써넣어도 되고, 난수 연산 스크립트를 쓸 수도 있고, 왼쪽에 보인 것처럼 계속 변화하는 변수의 값을 이용할 수도 있습니다.

화가 레이디버그 프로젝트

앞에서 설계한 화가 레이디버그 프로젝트를 직접 만들어 봅니다. ① 레이디버그 스프라이트 추가, ② 변수 추가, ③ 이동 스크립트 작성, ④ 펜 두께 조절 스크립트 작성, ⑤ 펜 색깔·명암 조절 스크립트 작성의 순서대로 작업합니다.

1 레이디버그 스프라이트 추가하기

새로운 프로젝트를 만들고 주인공 스프라이트를 삽입합니다. 이번 프로젝트의 주인공은 레이디버그 Ladybug입니다.

❶ 새 프로젝트를 시작합니다. 프로젝트의 이름을 'painter ladybug'로 고쳐줍니다.

❷ 스프라이트 목록에 있는 고양이 스프라이트를 삭제합니다.

❸ [저장소에서 스프라이트 선택] 단추를 클릭합니다.

❹ 스프라이트 저장소 창이 나타나면 왼쪽에서 '동물' 주제를 클릭한 뒤에 화면 오른쪽에서 'Ladybug1'을 찾아 선택하고 확인 단추를 클릭합니다.

2 변수 추가하기

스크립트를 작성하기 전에 우선 데이터 스크립트에서 2개의 변수를 만듭니다. 이 변수는 펜의 두께를 자유롭게 조정하기 위한 것입니다.

❶ Ladybug1 스프라이트를 선택한 상태에서 스크립트 탭을 클릭하여 선택합니다.

❷ 데이터 스크립트를 선택하고, 그 아래에 나타나는 [변수 만들기] 단추를 클릭합니다.

❸ 새로운 변수 창이 나타나면 변수 이름 칸에 'change'를 입력하고 확인 단추를 클릭합니다.

❹ 같은 방법으로 변수 thick도 만듭니다. 두 변수 모두 왼쪽에 체크 표시가 되어 있지 않도록 클릭합니다.

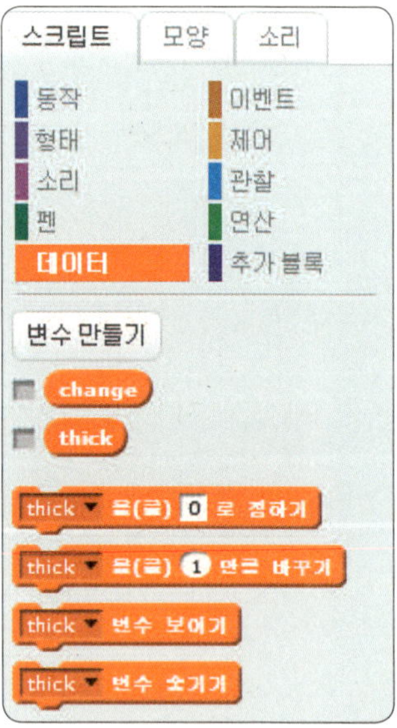

3 이동 스크립트 작성하기

우선 레이디버그 스프라이트의 위치와 크기를
정합니다. 그리고 펜을 쓰기 위한 준비 작업을
합니다. 필요하다면 펜의 색깔도 지정합니다.

❶ 이벤트 스크립트에 있는 [⚐ 클릭했을 때]
블록을 끌어다 놓습니다.

❷ 동작 스크립트에 있는 [x:◯ y:◯로 이동하기]
블록을 끌어와 추가하고 두 칸의 값이 0이
아니면 모두 0으로 고칩니다.

❸ 형태 스크립트에 있는 [크기를 ◯%로 정하기]
블록을 끌어와 추가하고 숫자를 50으로
수정합니다. 스프라이트의 크기가 너무 커서
적당한 크기로 줄이기 위함입니다.

❹ 펜 스크립트에서 [지우기] 블록을 가져와
추가합니다.

❺ 펜 스크립트에서 [펜 굵기를 ◯(으)로 정하기]
블록을 끌어와 추가한 뒤에 숫자를 5로
고칩니다.

❻ 펜 스크립트에서 [펜 내리기] 블록을 끌어와
추가합니다.

❼ 제어 스크립트에서 [무한 반복하기] 블록을
끌어와 추가합니다.

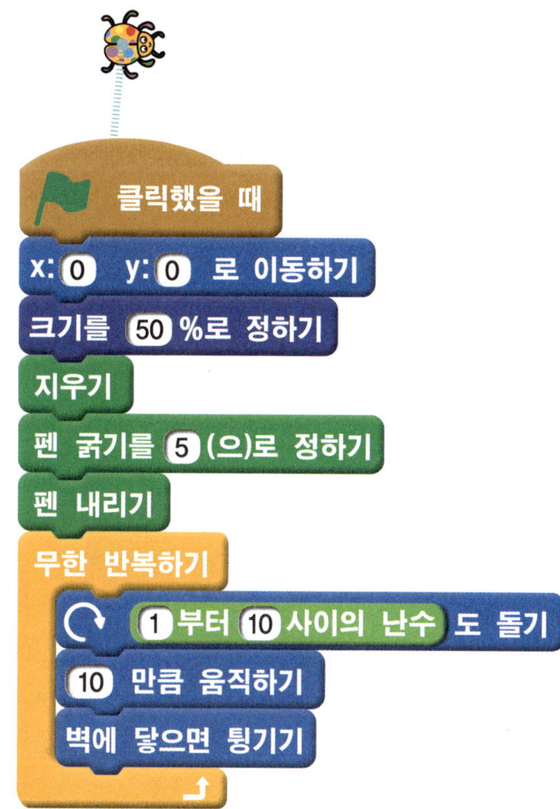

❽ 동작 스크립트에 있는 [↻ ◯도 돌기] 블록을
끌어와 [무한 반복하기] 블록 안에 삽입합니다.

❾ 연산 스크립트에서 (1부터 10사이의 난수)
블록을 끌어와 [↻ ◯도 돌기] 블록의 숫자
칸에 삽입합니다.

❿ 동작 스크립트에 있는 [◯만큼 움직이기]
블록을 끌어와 추가하고 숫자를 10으로
수정합니다.

⓫ 동작 스크립트에서 [벽에 닿으면 팅기기] 블록을
끌어와 추가합니다.

4 펜 두께 조절 스크립트 작성하기

이제 펜의 두께를 조금씩 변화시켜서 레이디버그가
그리는 선이 마치 사람이 붓으로 그리는 것처럼
보이도록 만드는 스크립트 블록을 작성합니다.

❶ 이벤트 스크립트에 있는 [🏳 클릭했을 때]
   블록을 끌어다 놓습니다.

❷ 데이터 스크립트에 있는 [□을(를) □로
   정하기] 블록을 끌어와 추가합니다. 변수는
   thick을 선택하고, 값은 5를 입력합니다.

❸ 다시 한번 [□을(를) □로 정하기] 블록을
   끌어와 추가합니다. 변수는 change를
   선택하고, 값은 1을 입력합니다.

❹ 제어 스크립트에서 [무한 반복하기] 블록을
   끌어와 추가합니다.

❺ 데이터 스크립트에 있는 [□을(를) □만큼
   바꾸기] 블록을 끌어와 [무한 반복하기] 블록
   내부에 삽입합니다. 변수는 thick을 선택하고,
   값에는 change 변수 스크립트를 삽입합니다.

❻ 펜 스크립트에서 [펜 굵기를 □(으)로 정하기]
   블록을 끌어와 추가한 뒤에 숫자 칸에 thinck
   변수 스크립트를 삽입합니다.

❼ 제어 스크립트에서 [만약 ⬡(이)라면]
   블록을 끌어와 추가합니다.

❽ 연산 스크립트에 있는 〈○〉○〉 논리 연산
   블록을 [만약 ⬡(이)라면] 블록의 육각형
   칸에 삽입합니다.

❾ 〈○〉○〉 논리 연산 블록의 앞칸에는 변수
   thick 변수를 삽입하고, 뒷칸에는 숫자 50을
   입력합니다.

❿ 데이터 스크립트에 있는 [□을(를) □로
   정하기] 블록을 끌어와 [만약 ⬡(이)라면]
   블록 내부에 삽입합니다. 변수는 change를
   선택하고, 값은 −1을 입력합니다.

⓫ 제어 스크립트에서 [만약 ◁⎯▷(이)라면]
블록을 끌어와 추가합니다.

⓬ 연산 스크립트에 있는 〈◻〈◻〉 논리 연산
블록을 [만약 ◁⎯▷(이)라면] 블록의 육각형
칸에 삽입합니다.

⓭ 〈◻〈◻〉 논리 연산 블록의 앞칸에는 변수 thick
변수 스크립트를 삽입하고, 뒷칸에는 숫자 5를
입력합니다.

⓮ 데이터 스크립트에 있는 [◻을(를) ◻로
정하기] 블록을 끌어와 [만약 ◁⎯▷(이)라면]
블록 내부에 삽입합니다. 변수는 change를
선택하고, 값은 1을 입력합니다.

5 펜 색깔·명암 조절 스크립트

레이디버그가 그리는 선의 색깔과 명암이
변화하도록 하는 스크립트를 추가합니다.

❶ 이벤트 스크립트에 있는 [▶ 클릭했을 때]
블록을 끌어와 새로운 블록을 시작합니다.

❷ 제어 스크립트에서 [무한 반복하기] 블록을
끌어와 추가합니다.

❸ 펜 스크립트에서 [펜 색깔을 ◯만큼 바꾸기]와
[펜 명암을 ◯만큼 바꾸기] 블록을 끌어와 [무한
반복하기] 블록 내부에 삽입합니다.

❹ 추가한 펜 스크립트의 빈칸에 연산 스크립트
(thick/10)과 (thick/20)을 삽입합니다.

❺ 프로젝트를 실행하여 레이디버그가 회전하며
무대를 휘젓는 모습을 살펴봅니다. 펜의
두께가 넓어졌다가 좁아지는지, 색깔과 명암이
부드럽게 변화하는지 관찰합니다.

복습하기 4

소리 스크립트와 펜 스크립트 이해하기

4장에서는 소리 스크립트와 펜 스크립트에 대해서 배웠습니다. 이 스크립트들의
사용법은 매우 간단합니다. 변수와 관찰 스크립트와 잘 결합시키면 좋은 결과를
얻을 수 있습니다. 이 스크립트들에 대해서 확실하게 이해하기 바랍니다.

❶ 소리 스크립트가 할 수 있는 일이 아닌 것은 무엇입니까?

① 소리 파일 연주를 시작합니다. 　　② 소리 파일을 끝까지 연주합니다.

③ 특정 음을 지정한 길이로 연주합니다. 　　④ 연주의 빠르기를 bps(bit per second)로 지정합니다.

⑤ 연주할 악기를 지정합니다.

❷ 펜 스크립트로 할 수 있는 일이 아닌 것은 무엇입니까?

① 펜의 모양을 정할 수 있습니다.

② 펜의 굵기를 정할 수 있습니다.

③ 펜의 색깔을 정할 수 있습니다.

④ 펜의 명암을 정할 수 있습니다.

⑤ 펜을 내려서 그리기를 시작하거나 펜을 올려서 그리기를 중지할 수 있습니다.

❸ 146쪽 정다각형 그리기 프로젝트를 실행하여 큰 숫자를 입력하면 딱정벌레가 정다각형을
그리다가 무대의 아래쪽에 닿아서 정다각형을 제대로 그리지 못합니다. 이 문제를 해결하려면
정다각형의 숫자가 커지면 [100만큼 움직이기] 스크립트의 숫자가 작아지도록 만들어야
합니다. 다음 예제 중에서 어느 것으로 바꾸는 것이 좋을까요?

① (140 + n * 5)　　② (140 + n / 5)

③ (140 − n * 5)　　④ (140 − n / 5)

복습문제 해답

복습하기 1
26p

❶ 4번 ❷ 3번 ❸ 5번 ❹ 3번 ❺ 4번
❻

① 무대   ② 스프라이트   ③ 스크립트 블록   ④ 실행 단추   ⑤ 정지 단추

복습하기 2.1
46p

❶ 1번 ❷ 3번 ❸ 6번 ❹ 아래 그림 참조 ❺ 4번

① 앞으로 전진하기

② 뒤로 후퇴하기

③ 특정 위치로 이동하기

④ 오른쪽 방향 보기

⑤ 반시계 방향으로 회전하기

⑥ 시계 방향으로 회전하기

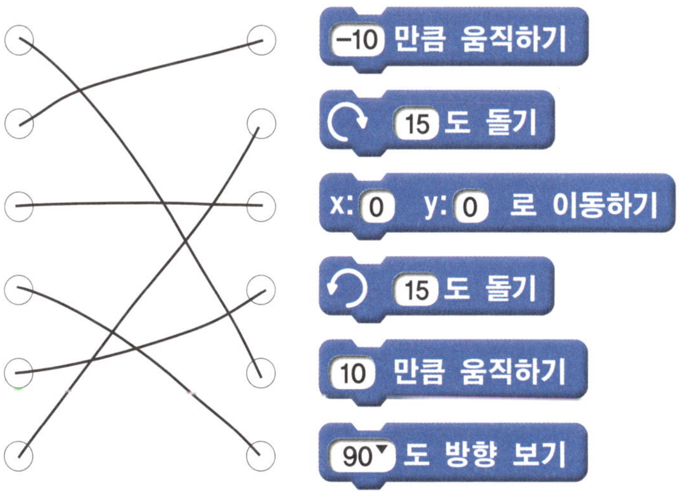

복습문제 해답

복습하기 2.2 ❶ 2번 ❷ 3번 ❸ 5번 ❺ scratch.mit.edu/projects/142333389 ❹
68p

복습하기 3.1 ❶ 3번 ❷ 아래 그림 참조 ❸ 1번 ❹ 3번
98p

① time = 1시

② time = 17

③ time = 0

④ time = −5

⑤ time = 3

⑥ time = 11

ⓐ

ⓑ

ⓒ

ⓓ

ⓔ

ⓕ

복습하기 3.2 ❶ 4번 ❷ 3번 ❸ 12+6−2=16, (10+6)÷2=8, (15×2)÷3=10, (18−7)×5=55
126p ❹ 1번 ❺ 2번 (1번 5×5=25, 2번 7×4=28, 3번 5×5=25, 4번 2×10=20)

복습하기 4 ❶ 4번 ❷ 1번 ❸ 3번
156p